7

SIETE

FORMULAS
PARA HACERTE

RICO

FRANCISCO GARABITOS
NEW YORK * MEXICO * SANTO DOMINGO

SIETE
FORMULAS
PARA HACERTE
RICO

FRANCISCO GARABITOS
Nueva York, México & Santo Domingo

2005 Catalogación de la Biblioteca del Congreso de los Estados Unidos.
Detower, Fran
Garabitos, Francisco
You don't have to be poor; You can be Rich!
ISBN 0-9766185-0-8

Fgart44@gmail.com
UNITED 809 Productions

Impreso en los Estados Unidos de América

SIETE
FORMULAS
PARA HACERTE
RICO

PARTE I:
REALIDAD MÚLTIPLE
1. Ser o no ser
2. El camino hacia la riqueza
3. Dinero y poder
4. Dinero y política
5. Dinero y felicidad
6. Lo bueno y lo malo dentro

PARTE II:
JUGADORES, PROBLEMAS Y DESAFÍOS
7. ¿Millonario, rico o pobre?
8. ¿Quiénes son los ricos?
9. ¿Quiénes son los pobres?
10. Otras causas de pobreza
11. Pobreza en América

12. Pobreza alrededor del mundo
13. Como salir de la pobreza
14. Un cambio personal de actitud
15. No tienes que terminar la escuela

PARTE III:
FÓRMULAS ALTERNATIVAS
16. Cómo hacerse rico
17. SIETE fórmulas para hacerte rico
18. El poder eterno de la educación
19. El factor de educación financiera
20. Aprende de los ricos
21. Como salir de las deudas
22. Hacer un seguimiento del dinero
23. Ahorrando dinero
24. Préstamo de dinero y crédito
25. Comprar una casa
26. El dinero nuestro, el suyo y el mío
27. Formas de inversiones
28. Crear un nuevo negocio
29. Crear un trabajo-negocio
30. Paradigma cambiante
31. Retírate y reinicia tu vida
32. No esperes a la jubilación
33. One-liners para tener éxito
34. Cómo arruinar tu vida financiera
35. Esto es todo!
36. Definición de términos clave

37. Referencias

Introducción

Nadie tiene que ser pobre cuando se vive en una sociedad que ofrece innumerables oportunidades para hacerse rico todos los días. Nunca ha habido más empresas comerciales y más dinero en el mundo de lo que hay hoy en día, sin embargo, la mayoría de las familias no son ricas. También es un hecho irónico que cada día alguien se hace rico, mientras que millones de la clase trabajadora viven de sueldo en sueldo y muchos otros se hunden por debajo de las líneas de pobreza.

A medida que aumentan los negocios mundiales, la pobreza, el desempleo y la brecha entre ricos y pobres continúan creciendo. De hecho, estos s on "los mejores y los peores momentos", como dijo Charles Dickens. Ya sea hombre o mujer, rico o pobre, todos estamos viviendo casualmente en el mismo momento de la historia. Sin embargo, los peores momentos para los demás, también podrían ser los mejores para usted.

Imagínate que acabas de heredar este libro y millones de dólares en una caja cerrada con una condición: la llave está oculta en la cima del monte Everest. Las instrucciones son claras; puedes organizar un equipo de expedición de apoyo con otras personas, pero debes escalar la montaña y recuperar la llave usted mismo.

Si completas la tarea dentro de 12 meses, el dinero es suyo, si no, pierdes el tiempo y el dinero. ¿Lo harías? Bueno, convertirse en millonario no es tan difícil, pero requerirá un plan parecido; algo de lectura, planificación seria, trabajo inteligente, disciplina y capacitación para lograr ese objetivo.

No hay caminos, carreteras predeterminadas, ni viajes gratuitos a la tierra de la riqueza. Durante cientos de años, la forma más efectiva de salir adelante financieramente es no solo trabajar duro, sino también usar su mente y trabajar de manera inteligente.

Consideremos que, en el mundo del dinero no hay dos sino al menos tres grupos principales de jugadores; los que "tienen", los que "no tienen" y los que "quieren tener más". Como la mayoría de los lectores, yo quiero tener más y hacerme rico también, así que escribí este libro para aprender sobre los métodos de hacer dinero que usan los ricos, revisar el conocimiento común para mostrarle cómo tomar el control de su vida financiera y hacerse rico , a) cambiando su mentalidad, b) controlando sus hábitos de consumo, c) ahorrando para invertir, d) creando su propio negocio, e) comprando activos, f) reduciendo gastos y g) continuar aprendiendo de la vida para trabajar menos, ganar más y jubilarse temprano.

Este libro está diseñado en tres secciones: Primero, revisaremos una multiplicidad de verificaciones de la realidad en términos de historia, poder, riqueza y felicidad. En segundo lugar, identificaremos a los millonarios, los ricos y los pobres para aclarar los problemas y desafíos para salir de la pobreza. La sección final está dedicada a explorar Fórmulas específicas sobre cómo hacerse rico, aprender de otros millonarios cómo aumentar su riqueza y jubilarse cómodamente con su propia red de seguridad.

Tal como lo está aprendiendo aquí, pasé muchos años leyendo materiales motivacionales generales relacionados a través del tiempo (1820'-2020') y noté que todavía existe una tendencia de las mismas necesidades, deseos y condiciones similares y que muchos autores de la obra repiten el mismo consejo de Benjamin Franklin para el éxito. Hoy, incluimos a Donald Trump, Stephen Covey, Napoleon Hill, Wayne Dyer, Anthony Robbins, Wayne Berry, Ed Burton, Hans Jakobi, David Bach, Robert Kiyosaki, Ric Edelman, Harvey Mackay, Robert G. Allen, Jerrold Mundis, Cindy Shopoff, Jean Chatzky, Mark Haroldsen, William Nickerson, Ron LeGrand, Fred Brooks, Raymond Aaron, Dave Shamy, Earl Nightingale, Less Brown, Tom Morris, Russell Whitney, John Childers, Keith Cunningham, Bryan Casey ... y muchos otros cuyo trabajo colectivo ha sido citado y utilizado indirectamente como modelo a lo largo de este libro.

Cada una de las 37 secciones es un ensayo independiente y puede leerlo en cualquier orden. Estoy seguro de que una vez que revise las ideas de negocios y aplique algunas de las Fórmulas discutidas aquí, estará en camino a la independencia financiera haciendo que su dinero trabaje para usted en lugar de usted tener que trabajar duro por poco dinero.

Aquí también encontrará nombres y referencias a innumerables ejemplos de individuos que son ricos de primera generación y muchos otros que comenzaron sin nada (saldo cero) pero que hoy valen millones. ¿Cómo superaron los obstáculos cotidianos y alcanzaron el éxito? Juntos, descubriremos y aprenderemos de la experiencia colectiva.

PARTE I
REALIDAD MÚLTIPLE

1: ¿Ser o no ser?

¿Quién eres tú? ¿Que necesitas? ¿Qué deseas? ¿Quieres aprender más sobre asuntos de dinero? ¿Quieres mejorar tus posibilidades financieras de éxito? ¿Estás dispuesto a cambiar de opinión y mirar la vida desde otra perspectiva? ¿Quieres salir de la trampa de trabajo y hacerte rico? ¿Estaría disponible para trabajar en cualquier momento, las 24 horas del día y los 7 días de la semana? ¿Entiendes que construir seguridad financiera requiere autodisciplina y trabajo duro? ¿Estás dispuesto a modificar tu estilo de vida personal para lograr tu objetivo?

Si respondió "NO" a alguna de estas preguntas y prefiere permanecer como está, cierre este libro, páselo a otra persona o devuélvalo y le devolveremos su dinero. Por otro lado, si está dispuesto a tomar el control de su vida y cambiar para mejor, entonces invierta algunas horas de su tiempo y lea un poco más.

2: El camino hacia la riqueza

Se ha dicho que nada da más placer a los autores que encontrar su trabajo respetuosamente citado por otros. Juzgue, entonces, cuánto estoy agradecido de llamar su atención sobre los muchos nombres de personas y las formas en que hablaron sobre el dinero. Mi vanidad estaría maravillosamente encantada si me atribuyes estas ideas a mí mismo, aunque todos seamos conscientes de que ni siquiera una décima parte del uno por ciento de la sabiduría recopilada aquí se puede atribuir a mí o a cualquiera que pueda reclamarlo. Aunque respaldo el contenido completo de este libro, las conclusiones finales son la síntesis del sentido común de hombres y mujeres sabios de todas las edades y naciones.

Las primeras lecciones de aquí en adelante están parafraseadas y diseñadas a partir de The Way of Wealth, publicado por Benjamin Franklin. "Nosotros, la gente", nos hemos quejado con frecuencia sobre las relaciones entre ricos y pobres, amor, dinero, negocios e impuestos; y los impuestos son realmente muy pesados para algunos.

El viejo Benjamin Franklin señaló, hace mucho tiempo (Una introducción al pobre Richard Almanac, 1750), que incluso cuando los impuestos son altos, se nos aplica el doble de impuestos por ociosidad, tres veces más por nuestro orgullo y cuatro veces más por nuestro tontería. Se consideraría injusto que cualquier gobierno gravara a su pueblo una décima parte de su tiempo para trabajar en el servicio público, pero la pereza nos grava mucho más a nosotros al provocar apatía, depresión, pobreza, enfermedades y acorta absolutamente la vida, como Franklin dijo; "Si amas tu vida, entonces no desperdicies el tiempo, porque el tiempo es de lo que está hecha la vida".

Perder el tiempo debe ser considerado como la mayor prodigalidad, ya que en otros lugares nos dice 'El tiempo perdido es que en otros lugares nos dice 'El tiempo perdido es nunca encontrado de nuevo; lo que llamamos tiempo suficiente siempre prueba poco; y, como no estás seguro de un minuto, no tires una hora ".

Entonces, levantémonos y hagamos algo productivo para impulsar nuestro propio negocio, luego iremos temprano a la cama y nos levantemos temprano, lo que hace a un hombre sano, rico y sabio ", como dijo Franklin.

Muchos de nosotros permanecemos ociosos deseando y esperando mejores tiempos, pero solo podemos mejorar estos tiempos si nos aplicamos a la industria, ya que "la industria no necesita desear y el que vive con esperanza morirá en ayunas", como dijo Franklin.

Como nadie sabe lo que sucederá mañana, todos estamos animados a trabajar diligentemente mientras se llama hoy, como dijo Franklin. "Nunca dejes eso hasta mañana, lo que puedes hacer hoy ... porque uno hoy vale dos mañanas".

Si piensa en hacerse rico, "piense en ahorrar y ganar", dijo Franklin. Puede pensar que un poco de té aquí, o un pequeño cóctel allí, cenar un poco más elegante, usar ropa de diseñador más fina y un poco de entretenimiento de vez en cuando puede ser irrelevante. Tenga cuidado con los pequeños gastos, dijo Franklin; "Una pequeña fuga hundirá un gran barco" y nuevamente "Si compra cosas que no necesita, pronto venderá sus necesidades".

Muchos, en aras de la elegancia en sus espaldas, se han endeudado, han pasado hambre y han muerto de hambre a sus familias por "sedas y satén, escarlata y terciopelo, apagaron el fuego de la cocina". Cuando haya comprado una buena cosa, debe comprar diez más para que coincida con su apariencia, como dijo Franklin; "Es más fácil suprimir el primer deseo que satisfacer a todos los que lo siguen". Y "Es una verdadera locura que los pobres imiten a los ricos, como que la rana se hinche, para igualar al buey; Orgullo desayuno con abundancia, cenamos con pobreza y cenamos con infamia". Tener deudas por vanidad y superfluidades siempre se ha considerado una locura: no puede proporcionar riqueza ni mérito, pero crea pereza, envidia, ira, desesperación y acelera la desgracia.

La sabiduría transmitida por la doctrina de Benjamin Franklin se basa en la experiencia práctica, el autoconocimiento, el cuidado, la industria, la frugalidad y el sentido común durante cientos de años, sin embargo, muchos de nosotros que aprobaríamos estos principios hoy en día, seguimos practicando lo contrario. ¿Por qué? Podemos ofrecerle un consejo colectivo, pero estas ideas no pueden ayudar ni influir en la conducta de quienes rechazan el consejo del sentido común. "La experiencia mantiene una escuela cara, pero los tontos no aprenderán en ninguna otra".

Sin embargo, si hacemos un esfuerzo y escuchamos consejos buenos, prácticos y sin edad, algo superior puede llegar a ser de nosotros. Pero recuerde que "No hay ganancia sin dolor" y ciertamente podemos reconocer que "Dios ayuda a quienes se ayudan a sí mismos", como dijo Franklin hace muchos años.

3: Dinero y poder

La tradición cristiana afirma que "El amor al dinero es la raíz de todo mal", advierte que las personas que desean tanto dinero pueden caer en todo tipo de trampas y tentaciones (Timoteo 6:10), pero les recuerdo que; el dinero en sí mismo no tiene poderes buenos ni malos. Solo se puede usar de acuerdo con el valor nominal que le asignamos. Su existencia misma es convencional y temporal al mismo tiempo.

El dinero no es una causa: es un medio creado por el hombre para el comercio mutuo, ciertamente la herramienta más efectiva, compleja y volátil que puede usarse para intercambiar posesiones materiales y obtener poder socioeconómico.

Cuando la humanidad comenzó a jugar con poder y control entre ellos, los ricos eran los hombres de las cavernas con los palos más grandes, que podían matar a la mayoría de los otros animales, obtuvieron las mejores pieles y habitaban las cuevas más cómodas.

Al ejercer su poder en bruto, pudieron acumular más bienes y decidieron quién más podía comer después de ellos y quién no. Obtuvieron la mejor opción de todo, controlaron el territorio circundante y los animales dentro de él. A medida que surgieron las naciones modernas, quien poseía la tierra era, y sigue siendo rico.

Finalmente, los comerciantes ricos inventaron el dinero. El dinero real estaba hecho de oro o plata, y el papel moneda que se podía cambiar por uno de los metales preciosos se llamaba moneda de consumo. Sin embargo, el papel moneda de hoy (incluido el dólar estadounidense) no está respaldado por oro. No tiene valor intrínseco y no puede ser redimido por metales preciosos en absoluto. Se llama moneda fiduciaria; creado, impreso, asegurado y distribuido por los gobiernos como moneda de curso legal oficial.

La evolución desde las tierras de cultivo a las fábricas, luego a las líneas de producción y el comercio, permitió a los primeros industriales convertirse en millonarios. De la misma manera hoy, ciertas personas detrás de las corporaciones multinacionales controlan los medios de producción e influyen en las instituciones gubernamentales para sancionar las leyes que benefician a las mismas pocas personas.

Vestido con una racionalización retórica acerca de cómo lo que es bueno para unos pocos goteará para todos, se ha vuelto intencional y convenientemente difícil para las élites del poder romper con ese patrón.

La globalización corporativa actual del capital y la información es el último ejemplo de riqueza centralizada. Los más ricos pueden determinar las reglas del gobierno, controlar los recursos económicos, dar forma a las instituciones internacionales y comprar los medios de comunicación de masas en todo el mundo.

Dado que la información fluye más allá de las fronteras nacionales, quien tenga los medios para acceder a información oportuna puede adquirir más riqueza y controlar a los demás. Las implicaciones generales son abiertamente oportunistas, monopólicas, peligrosas y complejas por muchas razones, entre ellas la mayoría de los humanos son codiciosos y egocéntricos. A algunos miembros de la "élite del poder" realmente no les importa mucho nadie fuera del pequeño círculo de hombres y mujeres ricos convenientemente protegidos detrás de la frase: "Nosotros, el pueblo de los Estados Unidos".

4: Dinero y política

Las circunstancias mundiales están en una terrible contradicción: mientras se crea más y más dinero, la pobreza aumenta, los recursos naturales disminuyen y las condiciones ambientales empeoran, pero los humanos continúan multiplicándose fructíferamente. Algunos encuentran formas de crecer, acumular riqueza y jugar con dinero, mientras que la gran mayoría de las personas apenas sobrevive.

El sistema político estadounidense es la mayor evidencia de cómo los ricos obtienen el control del juego y dominan los vastos recursos humanos de los pobres. Aunque un votante podría considerar otros asuntos en lugar de riqueza, profesión o cómo un candidato hizo su propio dinero, aun así, un contendiente debe ser considerablemente rico para ingresar al juego político presidencial.

De hecho, la mayoría de los candidatos presidenciales en los Estados Unidos surgieron de familias en el cinco por ciento superior de la clase socioeconómica, y en la mayoría de las contiendas electorales, las personas pobres y de clase media tienden a elegir a los ricos. El dinero es el principal combustible detrás de las campañas locales, estatales y presidenciales.

Por ejemplo: en noviembre de 2004, los estadounidenses tenían la opción millonaria de votar por los retadores demócratas John Kerry y John Edwards, o votar por los republicanos George W. Bush y Dick Cheney. George Bush y su esposa, Laura, enumeraron más de $ 800,000 en ingresos brutos ajustados en su declaración de impuestos de 2003. La declaración de impuestos de 2003 de Dick Cheney y su esposa mostró un ingreso bruto ajustado de casi $ 1.3 millones. El demócrata John Kerry presentó su declaración de $ 393,000 por separado de su esposa millonaria Teresa Heinz, quien divulgó información que muestra ganancias de más de $ 5 millones en 2003. Eso es mucho más de lo que el estadounidense típico puede soñar llevar a casa. La elección de 2004 fue un despliegue de riqueza y redes de noticias controladas por la política. Fue dominado por la reorganización de las alianzas conservadoras-religiosas.

Solo el 48% de los votos de 2004 se otorgaron al boleto Kerry-Edward, mientras que la mayoría de los estados conservadores del centro-sur reeligieron al equipo Bush-Cheney dándoles el 52% del voto popular a escala nacional.

Algunos liberales se quejaron de que el dinero corporativo influyó en las elecciones y los periódicos presentaron abundante evidencia de que, de hecho, lo hizo. Desafortunadamente, Estados Unidos, Republica Dominicana y la mayor parte del mundo continúan existiendo en un sistema de mercado capitalista controlado por la mano invisible de la oferta y la demanda. Prácticamente todos los funcionarios electos reciben contribuciones de campaña en millones de dólares. La élite ejecutiva, que gana un salario millonario más un bono, también sabe que los pobres necesitan un salario mínimo más alto y que beneficios educativos más generosos les darían una oportunidad.

Pero no es probable que la clase dominante renuncie a sus millones, ninguno de ellos quiere intervenir con las llamadas "funciones del mercado".

Lo que es impactante para la mayoría de la gente es el hecho de que existe evidencia clara del problema de la corrupción de gobierno y la disparidad económica en nuestro propio país, pero a nadie en el poder parece importarle mucho hablar de eso. Dado que no hay protestas sociales en lo que respecta a la pobreza, ningún grupo minoritario se está revelando y la mayoría de los pobres no votan, sino que venden su voto de todos modos, los políticos pasan por un síndrome de auto aprobación que les indica que no hay que cambiar nada.

5: Dinero y felicidad

Aunque este libro lo ayudará a salir de la pobreza generando dinero, tenga en cuenta que más dinero, no necesariamente lo hará más feliz. El dinero a menudo acentúa las ideas de flujos de efectivo que se nos ocurren: si su objetivo es ser financieramente seguro e independiente, trabaja en ello y es probable que lo logre. Pero si sus motivos son gastar dinero en anticipación de tener dinero para gastarlo incluso antes de ganarlo, lo más probable es que un aumento en sus ingresos aumente sus gastos, y no logrará salir del meollo.

Además, un impulso incontrolado para ser rico y famoso puede convertirse en una trampa de descontento auto cumplido. No solo que tener más cosas le puede resultar insatisfactorio, sino que las personas para quienes la riqueza es una prioridad en la vida pueden experimentar un grado inusual de ansiedad y depresión.

Para el contexto de este libro, definamos la felicidad como *"un estado de balance emocional durante el cual puede satisfacer sus necesidades percibidas, obtener lo que desea cuando lo desea, pagar por sus gastos y disfrutar lo que está haciendo, donde quiera que se encuentre.*

Una investigación patrocinada por Jean Chatzky (2003) examinó el papel del dinero en los hábitos, actitudes y comportamiento de las personas que dicen ser felices o infelices. El estudio descubrió que, además de su disposición genérica hacia la felicidad, otros factores necesarios incluían las relaciones personales, la autoestima, la satisfacción laboral, la salud y, por último, pero no menos importante, el dinero.

La investigación también muestra que la felicidad de una persona se ve significativamente afectada por el dinero principalmente cuando ese ingreso individual bajo aumenta o "se duplica de $ 25,000 a $ 50,000.00".

El adagio de que el dinero solo no puede comprar la felicidad puede ser familiarmente cierto, pero parece que se ha olvidado fácilmente en esta sociedad de consumo.

Miles de personas mentalmente confundidas tienden a suicidarse cuando se enfrentan a problemas financieros complicados. Debe ser consciente de la importancia relativa del dinero y no descuidar los otros factores esenciales necesarios para completar la fórmula de la felicidad.

Seamos realistas, definitivamente necesita dinero para lograr algunas de las comodidades y necesidades básicas de la vida, pero recuerde; agregar miel a la miel no lo hace más dulce. Por lo tanto, más dinero no necesariamente compra más felicidad. La madurez emocional, la buena salud, el amor, la estabilidad familiar, la organización financiera y el trabajo duro también son necesarios para resolver la ecuación de la felicidad.

6: Lo bueno y lo malo dentro

Muchos de nosotros pasamos demasiado tiempo buscando felicidad y seguridad en otras personas y lugares cuando, de hecho, la principal fuente de buenos y malos sentimientos está dentro de nosotros mismos. Los lugares, las fuerzas naturales, los animales y otras personas están interconectados, pero al mismo tiempo cada uno experimenta su propia existencia independiente.

La tradición verbal de los toltecas (antigua tribu mexicana) nos dice que debemos trabajar diligentemente para eliminar las nociones dañinas de miedo, juicio y culpa de nuestras mentes, ya que estas son las causas fundamentales del fracaso personal y el sufrimiento. Al contrario de muchas otras tradiciones, no somos totalmente responsables de todo lo que sucede aquí; Hay otras fuerzas y jugadores. Para lograr liberarse de la negatividad y las supersticiones, los toltecas recomendaron un proceso de meditación positivista en tres etapas: conciencia, transformación y claridad de intención.

Primero, debemos desarrollar conciencia de "quiénes somos", "dónde" nos encontramos y "qué" queremos lograr con el tiempo y los recursos limitados que realmente tenemos disponibles.

Debemos reexaminar el conjunto de creencias, tradiciones y suposiciones sobre el mundo y sobre nosotros mismos, que indirectamente dicta nuestro comportamiento reactivo-proactivo. La mayoría de las costumbres no se basan en hechos reales, sino en un conjunto de creencias generadas por miedos sobrenaturales e ideas filosóficas, inventadas a lo largo de la historia y enseñadas por otros.

En el extremo de estas tradiciones, tu vida está controlada por un dios o eres responsable de hacer que todo suceda por ti mismo; otros creen que las cosas son malas o buenas como resultado de las fuerzas del bien y del mal. Pero los toltecas creían que existe un vasto término neutral entre lo bueno y lo malo porque no eres el único jugador; ni tienes el control porque todo lo que pasa a tu alrededor (lluvia, truenos, terremotos, guerra, paz, matrimonio o divorcio) es el resultado combinado de fuerzas externas, tus acciones y las acciones de otros jugadores.

Si puedes hacer algo o participar en un evento, haga algo; si no puedes hacer algo, déjalo ser, sin dudarlo ni arrepentirte. Las fuerzas naturales y todos los demás continuarán haciendo que las cosas sucedan a su alrededor, pero son tus pensamientos y limitaciones internas los que determinan el valor de las mismas. Depende de su imaginación cuán bueno o malo, correcto o incorrecto será el efecto sobre tu vida.

En la próxima etapa de "transformación", se compara su vida con una novela llena de acción, aventura, romance y desafíos inesperados. Puedes reescribir, organizar tu historia de vida con un principio, un medio y un final. Si su historia hasta ahora no es como le gustaría que fuera, revise esa historia, acepte lo que sucedió como un hecho de la vida; abraza, perdona y olvida el pasado no deseado. Mejor aún, omita esas páginas oscuras si lo desea (la historia de Jesús se saltó de 12 a 31 años) y comience un nuevo capítulo hoy.

La etapa clara de "intención" comienza justo después de la acción transformadora llamada "recapitulación" durante la cual puede reorganizar cualquier capítulo de su vida, minimizando las relaciones negativas, destacando las experiencias positivas y dando un final deseable a su historia personal. Recuerda el poder de tus pensamientos; eres mayormente lo que crees que eres la mayor parte del tiempo. De ahora en adelante, debe tomar el control intencional de su mente y tratar cada nuevo día como una página en blanco.

Escriba en él que está viviendo en el presente, que el pasado se fue y que el futuro está por venir. De acuerdo con las leyes de causa y efecto, la vida y la muerte, el día y la noche, la riqueza y la pobreza, el éxito y la felicidad son resultados predecibles; Una vez que tome el control de las causas en su presente, podrá predecir los efectos en su futuro con tantos colores y detalles como desee.

PARTE II:

JUGADORES, PROBLEMAS Y DESAFÍOS

7: ¿Millonario, rico o pobre?

Comprender su posición socioeconómica dentro de la estructura piramidal de la sociedad actual es esencial para tomar el control de su futuro financiero. El sociólogo puede diferir con los nombres y la cantidad de clases sociales, pero enumeraré cinco categorías para el contexto de mi argumento: los millonarios, los ricos, la clase media trabajadora, los pobres y la clase sin clase.

¿A qué nivel estás?

Considere su trabajo, ingresos, activos, pasivos y patrón de flujo de efectivo para determinar su posición en el juego del dinero. Es un juego dinámico, sin parar. Tenga en cuenta que no está jugando solo y que no tiene el control total. Los millonarios poseen la mayor parte del capital y los medios de producción, los ricos administran la empresa y controlan el dinero, la clase media trabaja por dinero, los pobres no tienen ninguno y la clase baja sin clase fluye como una alcantarilla rota por todas partes.

Si eres MILLONARIO, tu placa de identificación está en el edificio. Usted está en la cima de la cadena alimentaria con aquellos que poseen los medios de producción, controlan el mercado y han acumulado la mayor cantidad de capital (más de un millón de dólares de ingresos). Apoyado por el gobierno y protegido por los militares, dominas el resto de la pirámide.

Si usted es RICO, su placa corporativa está en la puerta. Además de su propio negocio o un trabajo bien remunerado, tiene dinero invertido y trabaja para usted con múltiples flujos de ingresos (más de $ 100,000.00 de ingresos). Su hogar y lujos están pagados, sus hijos están recibiendo una educación sólida y usted no tiene obligaciones que no pueda pagar.

Si está trabajando en CLASE MEDIA, su nombre está en su escritorio. Vive de cheque en cheque, trabajas duro por dinero para pagar tus facturas, pero tus ingresos son menos de $ 100,000.00. Si aumenta su ingreso, también aumentan sus impuestos y sus gastos. Usted paga una renta alta o tiene una hipoteca a largo plazo además de su automóvil y otras responsabilidades.

Técnicamente, estás caminando en una cinta de correr trabajando por dinero para pagar dinero; La trampa esclavista de trabajo bajo el reloj.

Si eres POBRE, tu nombre está en tu camisa. Puede tener un trabajito de baja remuneración con poca educación, pero es el primero en ser despedido con beneficios mínimos de desempleo y puede ser elegible para asistencia pública. Los ingresos de su hogar son menos de $ 25,000.00 y la mayoría de las veces vive por debajo del umbral de pobreza.

Si estás perdido en la CLASE BAJA SIN CLASE, nadie sabe quién eres o por qué eres un ser humano indeseable sin clasificación social. Este grupo diverso incluye marginados de escoria que se esconden detrás de la escena de todas las razas y entremedio de todas las clases sociales. No tienen una dirección estable, no tienen una fuente de ingresos fijo, ni calificaciones crediticias ni trabajo oficial. Es posible que tengan efectivo en sus bolsillos para recorrer la vida nocturna a través de los callejones oscuros del fracaso en compañía de vagabundos, contrabandistas, reprobados, estafadores, sociópatas, riff-raffs, delincuentes y todo tipo de elementos criminales del bajo mundo.

Todos los días eliges qué hacer con tu mente, tu tiempo y tu dinero. Lo creas o no, todos los días haces un movimiento para ser rico, de clase media o pobre. ¿Cuál es tu próximo movimiento?

8: ¿Quiénes son los ricos?

Ser rico es más que tener dinero. Es tener todo lo que necesita y poder hacer las cosas que quiera cuando quiera y viajar a donde quiera con suficiente dinero para pagar su estilo de vida. Es poder dejar de trabajar durante años y tener múltiples fuentes de ingresos para pagar todos sus gastos de subsistencia. Es poder pensar sin presiones económicas y libre de toda forma de discriminación. Ser "verdaderamente rico" incluye tener amistades duraderas, estabilidad familiar, simpatía y comprensión con otros miembros de la sociedad, que se manifiestan con una paz interior medible solo en términos espirituales. Es una posición socioeconómica desde la cual puede obtener una mezcla equilibrada de salud, dinero y amor.

Contrariamente a las opiniones populares sobre el dinero, los ricos, famosos y millonarios de hoy no nacieron ricos. La mayoría de las personas que tienen mucho dinero son emprendedores de primera generación que lograron la autodisciplina, el trabajo duro y la planificación.

En el libro The Millionaire Next Door (D. Danko y J. Stanley), los autores compararon la riqueza millonaria de las personas que viven en un barrio modesto al lado de otras personas como tú y yo con una fracción de su riqueza.

La riqueza es más que mostrar posesiones elegantes o tener un gran ingreso. Algunos son ricos y parecen tener un buen ingreso, pero lo gastan todo; no se están haciendo ricos; viven un estilo de vida de alto consumo mientras luchan en la clase media. Nuestra interpretación de la riqueza incluye lo que ha acumulado más allá de lo que puede gastar. No es solo cuánto puede ganar sino también cuánto puede conservar. Además de tener múltiples fuentes de ingresos, debes tener un estado mental rico para administrar tu tiempo y dinero y mantenerse rico.

Una investigación realizada por el Dr. J. Stanley y el Dr. William D. Danko (The Millionaire Next Door) indica que el 80% de los millonarios que viven en Estados Unidos son ricos de primera generación, no heredaron sus fortunas y el 97% de ellos poseen una casa mediana, no una mansión. Su estudio demuestra que vale la pena convertirse en emprendedor.

Donald Trump, en su libro 'Cómo hacerse rico', recuerda a los lectores que "ser emprendedor no es un esfuerzo grupal ... Debes seguir tus instintos y confiar en ti mismo para tomar las decisiones correctas ... Solo tienes que interpretar los signos inexplicables que pueden guiarlo hacia o lejos de ciertas ofertas y ciertas personas ". Aunque menos del 20% de la fuerza laboral son empresarios, empresarios o profesionales, los empresarios independientes como grupo representan el 66% de los millonarios.

Los millonarios ricos viven cómodamente gastando menos del 10% de su riqueza total. Un estilo de vida comparativo de bajo consumo les permite invertir la mayor parte de sus ingresos y seguir ganando lo suficiente para mantener a su hogar sin trabajar durante muchos años.

La clase trabajadora y los pobres generalmente gastan tanto como ganan; en consecuencia, se quedan atrapados en una cinta de correr perpetua de ganar para pagar, pero nunca salen de ella en forma financiera. Comparemos a los ricos con un corredor que parece no necesitar el ejercicio. De hecho, está en muy buena forma porque trabaja para mantenerse en forma física y así también se hace económicamente.

Tenga en cuenta también que aquellos que no tienen seguridad física o financiera tienden a hacer poco esfuerzo para cambiar su estado. La gente generalmente sabe cómo ganar dinero y ahorrar. También saben cómo mantenerse saludables, pero casi el 60% de la población tiene sobrepeso o está fuera de forma, y tampoco tienen dinero ahorrado. ¿Por qué? Porque como la mayoría de las personas que no son ricas, no presupuestan su tiempo, no controlan sus hábitos de gasto y tienen un plan financiero pésimo. Al igual que en el estado físico, existe una correlación positiva entre ser rico y la cantidad de tiempo que dedica a actividades de creación de riqueza.

La mayoría de las personas con dinero se hicieron ricas controlando sus gastos y luego asignando su tiempo, energía y dinero de manera conductiva para generar más riqueza. Creen que la independencia financiera y la integridad familiar son más importantes que exhibir posesiones o exhibir un alto estatus social. El 90% son propietarios casados con un círculo familiar de apoyo y ocupan la misma casa modesta durante más de 15 años. Por lo tanto, su estabilidad familiar les ayudó a acumular equidad con un aumento significativo en el valor de la familia.

Si bien las personas adineradas salen a comprar, visten ropa bien confeccionada pero relativamente barata y conducen automóviles de precio medio. Los hijos de los millonarios son bastante educados. Gastan mucho para la educación de su descendencia. Cuatro de cada cinco tienen un título universitario. El 18% tiene maestrías, el 6% son médicos, el 12% tiene otros títulos de doctorado y el 6% tiene títulos en derecho. Aunque el 80% de ellos fueron a la escuela pública, el 55% de sus hijos asisten a escuelas privadas y eligen ocupaciones de alto nivel para ellos y para sus hijos.

Además, en The Millionaire Next Door, Stanley y Danko amplían estas características de los ricos con ejemplos adicionales; Se nota que la riqueza a menudo es el resultado de "un estilo de vida de trabajo duro, perseverancia, planificación y, sobre todo, autodisciplina". La mayoría de los independientes financieramente estudiados por Stanley y Danko se hicieron ricos de manera lenta, constante, sin contratos multimillonarios, sin ganar la lotería ni hacer un récord exitoso, y la mayoría lo hicieron dentro de los límites de las leyes y regulaciones actuales.

Una revisión comparativa muestra que los ricos no son muy diferentes de los trabajadores como tú y yo. Según Bryan Tracy, "los ricos simplemente lograron usar los mismos talentos que tenemos, una y otra vez, hasta que finalmente obtuvieron los resultados que todos deseamos: se hicieron ricos ..."

Este principio de causa y efecto demuestra que, si usted aplique un trabajo diligente, sus acciones causarán el efecto deseado de obtener resultados ricos. Por lo tanto, si miles de personas en el mundo se convirtieron en millonarios, usted también puede hacerlo. Las probabilidades de hacerse rico con juegos rápidos, trampas y ganancias inesperadas son menos de 1/1,000,000, mientras que hacerse rico con un trabajo planificado inteligente es más de 20/80. No es fácil, pero el éxito en general es mucho más predecible. Mi predicción de 20/80 está respaldada por muchas comprobaciones de la realidad y trabajo inteligente. Más allá de las posibilidades, es posible que al menos el 20% de los estudiantes activos que asisten a mis conferencias y leen este libro puedan superar la línea de pobreza, escapar de la trampa del trabajo y hacerse ricos de forma independiente en esta vida.

9: ¿Quiénes son los pobres?

¿Qué significa ser pobre? ¿Cómo se crea la pobreza? ¿Cómo puede una persona salir de la pobreza? ¿Se puede medir, controlar o eliminar la pobreza? ¿Eres realmente pobre? ¿Qué tan pobre crees que eres? La pobreza es una condición mental, física y social: es mucho más que la falta de dinero; es no tener un trabajo, es la falta de refugio, es hambre, estar enfermo y no poder ver a un médico, es inseguridad emocional, no poder ir a la escuela, es depresivo, es humillante, es el miedo al futuro, es la impotencia, es la falta de opciones políticas, es la esclavitud socioeconómica, es la máxima falta de libertad, y es una debilidad social que propaga la miseria en todas partes.

Estamos muy familiarizados con las imágenes contrastantes de riqueza y pobreza. Mire una foto o una TV de caridad que agrega niños flacos, piel flácida, ojos saltones y vientres, y se siente abrumado por la miseria. ¿Sabías que millones de niños así sufren de hambre continuamente y miles mueren todos los días?

Compare eso con otras escenas de los principales medios de comunicación; el glamour de Hollywood, las revistas corporativas, los anuncios de televisión o las páginas de National Geographic y admire las sonrisas del autoengaño y las contradicciones sociales.

Ni siquiera los grandes maestros espirituales han podido eliminar la pobreza. Hace casi dos mil años, un hombre llamado Jesús, reconoció, "los pobres siempre estarán entre nosotros" (Matthews 26:11). Los ricos de hoy, por acumulación de riqueza de facto, aseguran que la pobreza permanezca con nosotros porque en nuestro sistema ciego de oferta y demanda no se puede ser rico a menos que tenga más dinero, más propiedades o más cosas que otros, y cuantos más haya, más barato podrá comprar todo. La inseguridad humana natural hace que una persona sea codiciosa, y mientras haya alguien que tenga más y más de lo que realmente necesita, habrá alguien que tenga cada vez menos para satisfacer sus necesidades.

En el contexto contemporáneo de la historia económica, este es el meollo del asunto: los humanos están superpoblando todo el planeta, pocos son los ricos y se hacen más ricos, mientras que los pobres son cada vez más pobres y cada día hay más de ellos para compartir la miseria.

10: Otras causas de pobreza

Los vínculos entre el círculo vicioso de la pobreza, la degradación moral de la sociedad y nuestro comportamiento personal comienzan en las primeras etapas de la vida social. Las acciones egoístas de muchos de los que tienen dinero contribuyen tanto a la proliferación como a la perpetuación de la pobreza de una generación a otra. Una marca de orgullo personalizado mezclado con avaricia, pereza, arrogancia, ignorancia y malicia son motivos indirectos detrás de la acumulación irrestricta de riqueza por parte de unos pocos.

Los millonarios al extremo detrás del gobierno, mantienen un sistema económico plagado de monopolios, desempleo, discriminación racial, negligencia educativa y pura injusticia social.

La pobreza se agrava y se manifiesta con la desnutrición general de la familia, el abandono infantil, el abuso conyugal, el divorcio, los bajos ingresos para los trabajadores pobres, el alto costo de los medicamentos, los altos alquileres, la explotación de los trabajadores, la brutalidad policial, los salarios mínimos, los impuestos sobre las necesidades, impuestos de nómina redundantes, cargos innecesarios en cuentas bancarias, altas tarifas legales, inseguridad social, vivienda inapropiada, publicidad de productos no saludables, servicios de salud bajos, bienestar social, falta de educación vocacional, folletos humillantes, caridad de portada, comercialización de casas religiosas, extrema cultos espirituales, pandillas, alto costo de propiedades, inversión especulativa, tasas de interés variables, cuidado infantil inapropiado, embarazos adolescentes, hogares rotos, malas prácticas educativas, tráfico de drogas, fumar, alcohol, juegos de azar y una multiplicidad de actividades ilegales que mezclan lo social y lo social... ahh, una lista sin fin!

Vivir en la pobreza disminuye el valor del individuo, fomenta el comportamiento antisocial de la creciente clase baja plagada de violencia, vandalismo, odio, ira, deshonestidad y pereza fatalista. Simplemente caminar por los barrios pobres desencadena todo tipo de miedos y mecanismos de autodefensa, desagrado, relaciones abusivas y todo tipo de patrones de comportamiento destructivo. Y mientras exista la pobreza, continuará extendiendo el crimen y las rebeliones en el fondo del inframundo que corrompe a toda la sociedad.

11: ¿Pobreza en Estados Unidos?

¿Uno de los países más ricos y desarrollados del mundo? Sí lo es, pero la pobreza también es una realidad aquí. Sin embargo, debemos recordarnos que es una situación mucho peor para millones de seres humanos atrapados en los países en desarrollo del mundo. Sin embargo, vivir en una economía fuerte como la nuestra no significa mucho para un porcentaje significativo de la población que lucha por sobrevivir con muy poco en medio de la abundancia.

La mayoría de los ricos viven en los suburbios, mientras que los pobres son generalmente residentes urbanos. La pobreza tiende a existir en áreas urbanas concentradas, pero hay algunas personas pobres que quedaron atrapadas en suburbios de ingresos mixtos.

Los residentes pobres en áreas de mediana afluencia tienen que trabajar en el servicio de salario mínimo, a menos que sean capaces de viajar fuera de su comunidad local para obtener un mejor trabajo. Muchas veces, aquellos que trabajan en áreas ricas tienen que viajar desde el exterior para trabajar en trabajos que los que residen en su propia área no están dispuestos a tomar, pero el transporte de ida y vuelta es difícil y, por supuesto, gastar más dinero para ganar poco dinero.

En promedio, uno de cada tres estadounidenses, el 34.2 por ciento de todas las personas en los Estados Unidos, se clasifica oficialmente como viviendo por debajo de las pautas de pobreza al menos 2 meses al año. (Oficina del Censo de los Estados Unidos, Dinámica del bienestar económico: pobreza 1996-1999, julio de 2003).

No consideramos las condiciones inestables de los inmigrantes nuevos e ilegales, y ¿qué pasa con el creciente número de personas mayores? Se estima que, sin los Beneficios del Seguro Social, casi la mitad de la población de más de sesenta y cinco viviría en la pobreza porque el registro muestra que la mayoría de las personas pobres administran mal sus finanzas.

Uno podría pensar que cuando la administración muestre estadísticas de tasas de desempleo más bajas, los pobres tendrán la oportunidad de salir de la pobreza. Sin embargo, con el aumento de la economía, se crearon pocos empleos en la escala de mayor remuneración al reducir el personal de los empleos de tipo medio de fábrica. Los buenos empleos en la fábrica casi han desaparecido y han sido reemplazados por muchos trabajos de tipo de salario mínimo que son ocupados por jóvenes y adultos de clase baja. Si bien un aumento en las ganancias corporativas puede indicar una aparente reducción en el desempleo, existe una brecha cada vez mayor entre ricos y pobres. Si la economía está en auge con el salario mínimo permaneciendo como está, la ganancia solo puede ir a los ricos mientras que los pobres se quedan atrás con pocas posibilidades de salir de la trampa del trabajo.

12: Pobreza alrededor del mundo

Tenga en cuenta que una persona que gana menos de US $ 25.00 por día (8,980 / 365) en los Estados Unidos se considera que vive por debajo de los límites de pobreza, sin embargo, millones de personas en todo el mundo tienen que vivir o morir con menos de un dólar por día.

Según la Oficina Internacional del Trabajo (OIT) en Ginebra, casi 3 mil millones de personas en este planeta viven con menos de dos dólares al día. De hecho, alrededor de mil millones de ellos, o alrededor del 23 por ciento de la población del mundo en desarrollo, tienen que pagar cuotas con un dólar al día o incluso menos.

La pobreza mundial parece crecer a partir de respuestas geopolíticas inadecuadas, políticas en quiebra y apoyo internacional insuficiente. En muchos casos, países enteros equivocados por ideas políticas e intereses personales han llevado a desviar los recursos disponibles de sus propias necesidades nacionales a otros mercados occidentales.

Históricamente, la política y los juegos de poder-dinero que juega la élite con líderes y gobernantes han significado que más personas y sus tierras puedan ser controladas por unos pocos, lo que a su vez ha aumentado aún más la pobreza y la dependencia de las masas del mundo.

Este tipo de acumulación incontrolada de riqueza por parte de unos pocos a menudo ha desencadenado guerras frías y calientes, incita al terrorismo en todo el mundo, financia una guerra constante entre grupos competidores y continúa creando reacciones locales que son principalmente ideológicas, comerciales y de recursos. relacionado.

¿Necesito decirte cuán obsceno y potencialmente caótico es esto? Hay más gente pobre que rica.

¿Debo advertirles que, si esas personas hambrientas se desesperan lo suficiente, si no tienen nada que conseguir o nada más que perder, eventualmente no tendrán más remedio que perseguir a los pocos ricos que hay, pues es obvio que estamos mejor?

Incluso si no nos preocupáramos por ellos, la auto conservación por sí sola debería hacer que los millonarios-ricos quieran crear más empleos y dar oportunidades para que las masas pobres al menos puedan satisfacer sus necesidades básicas de alimentos y vivienda.

13: Como salir de la pobreza

Aunque las condiciones de trabajo altamente comercializadas de "oferta y demanda" pueden esclavizar a algunas personas, casi todos parecen estar de acuerdo en que un trabajo estable es la mejor ruta para salir de la pobreza; desafortunadamente, los gobiernos del mundo no están dispuestos a legislar el pleno empleo para todos y eliminar la pobreza.

La creación capitalista de empleos depende actualmente de las ganancias potenciales para el negocio en lugar de las necesidades reales de los trabajadores. Cuando se trata de ser rico o pobre, es una realidad flagrante vista como un problema personal, es como una garata entre los ricos para "obtener todo lo que puede obtener", y la mayoría de las personas se quedan fuera del juego

Juan Somavia (2003), Director General de la Oficina Internacional del Trabajo, estudia la pobreza como enfermedad social y sugiere una solución práctica para este problema mundial, lo llama un "dividendo de trabajo decente". Identifica cuatro "herramientas" gubernamentales que pueden emplearse para el control de la pobreza y su eventual erradicación:

1. Crear empleos para hombres y mujeres: la eliminación de la pobreza es imposible a menos que la economía genere oportunidades de inversión, emprendimiento, pequeñas empresas, creación de empleos y medios de vida sostenibles basados en la necesidad de los trabajadores.

2. Derechos garantizados en el trabajo: las personas en situación de pobreza necesitan una voz para obtener el reconocimiento de los derechos y exigir respeto. También necesitan buenas leyes que se apliquen y que funcionen, no en contra de sus intereses.

3. Protección social básica para todos: las personas pobres no están protegidas como grupo. El poder adquisitivo de quienes viven en la pobreza es suprimido por la marginación, los impuestos y la falta de sistemas de apoyo. Sin derechos y empoderamiento, los pobres no pueden salir de la pobreza.

4. Promover el diálogo y la resolución de conflictos: a las personas en general se les debe dar la oportunidad de negociar y comprender que el diálogo preventivo es la mejor manera de resolver los problemas de manera pacífica y al mismo tiempo evitar la rebelión, el terrorismo y las guerras económicas (Somavia, 2003). Como puede ver ahora, resolver problemas mundiales es un proceso largo y complejo.

Sin embargo, podemos comenzar confrontando el dilema de los ricos y los pobres con un enfoque individualizado, puedo asegurarle que cada vez puede marcar la diferencia en su vida.

Desafortunadamente, no puedes ayudar a todos a salir de la miseria al mismo tiempo. Hacerse rico no es una acción grupal; Es una aventura personal a través de un proceso de autoaprendizaje, trabajo, ahorro e inversión, puede unirse al grupo de ricos económicamente independiente.

Una vez que uno a uno se mude de su nivel barrial, entonces puedes ayudar a otros a seguir tus pasos.

14: Un cambio de actitud personal

Sí, la pobreza es vergonzosa, frustrante, aterradora y deprimente, pero no tienes que quedarte en casa todo el día sintiendo pena por ti mismo; revolcarse en la miseria no resolverá tus problemas.

Entonces, ¿Qué hacer?

Primero, no culpes a nadie por tu déficit o situación de bajos ingresos. Recuerde que casi todos los demás tienen problemas financieros: el gobierno, la iglesia, los ricos, los pobres y usted. Esencialmente, debe enfrentar su propio desafío de satisfacer las necesidades básicas y, al mismo tiempo, mantener enfoque en salir del hoyo.

Donald Trump compara la vida financiera como un jet privado en la pista de aterrizaje. "Ponte en marcha ... Avanza ... Planifica un despegue ... No te sientes en la pista y esperes que alguien venga y empuje tu avión ... Cambia tu actitud y gana un poco de altitud: te encantará la vista desde lo alto. Él dijo.

Los encargados de formular políticas saben que la educación, el empleo, la atención médica, la vivienda y el transporte público ayudan a reducir la pobreza. Pero sacar a las personas de la pobreza y obtener empleos con salarios autosuficientes no es una prioridad de los gobiernos en la actualidad. Así que no se siente a esperar la ayuda pública.

En su libro "Padre rico, padre pobre", el maestro Robert T. Kiyosaki recuerda a los lectores que "la vida no te habla como lo hace un maestro de escuela ... la vida real nos enseña empujándonos a todos ... cada empujón de la vida dice ¡despierta! Hay algo que quiero que aprendas "...

Algunos no lo entienden. Otros contrarrestan y retroceden enojados uno contra el otro. La vida seguirá presionando, pero depende de ti aprender la lección, ajustar tus reacciones y seguir adelante a la sabiduría, riqueza y felicidad. Por lo tanto, la vida es justa en el sentido de que no presenta problemas solo para usted; ¡la vida empuja a todos!

Si ha caído en la pobreza, debes levantarte solo, seguir adelante, aprender de la experiencia cotidiana y promocionarse: debe saber qué quiere, cómo comprar, qué comprar, cuándo vender y cuándo alejarse.

Aunque las actividades comerciales generalmente generan más dinero, la educación es, con mucho, el mejor recurso para salir de la pobreza. Un vasto cuerpo de investigación confirma la fuerte relación entre educación y ganancias. Una mejor educación es más probable que genere altos ingresos. Se espera que el 80 por ciento de los nuevos empleos del futuro requerirían trabajadores con educación superior. Un alto nivel de habilidades y un título de licenciatura claramente reduce la probabilidad de ser pobre en al menos un 80%.

El orador motivacional Larry Winget escribe y habla de una manera muy conflictiva para sacarte de la pobreza en su libro "Cállate, deja de quejarte y consigue una vida". Habla de tres razones por las cuales las personas no tienen éxito:

Ellos son perezosos...
Actúan estúpidos...
No dan una presa...

Larry Winget

El método de Larry está destinado a sacudir tu ego y despertarte con órdenes de gritos: ¡Obtén una nueva vida! ... ¡Ponte en forma! ... ¡Ponte listo! ... ¡Haz dinero! ... ¡Haz un trato! ... ¡Sé feliz! ... ¡Sigue adelante! ¡Ahora es tu turno! ... Levántate y escribe los siguientes comandos de tu mente para ti mismo ...

1)

2)

3)

4)

5)

6)

15: No tienes que dejar la escuela!

Definitivamente no tienes que esperar hasta que termines la escuela para comenzar a ganar dinero y hacerte rico. Si bien una educación sólida garantizará un trabajo para jubilarse con una red de seguridad, una empresa comercial de propiedad propia con inversión en bienes raíces aumentará sus posibilidades de jubilarse más jóvenes y ricos. Con un 80/20 conservador, se estima que el 20% de la población es rica y está mejorando, mientras que el 80% está luchando contra la clase trabajadora y se está empobreciendo.

Un mapa de ruta tradicional para salir de la pobreza sugiere: regresar a cualquier escuela, conseguir un trabajo, trabajar por dinero, ahorrar tanto como pueda y retirarse con la ayuda de la seguridad social.

Sin embargo, existe otra combinación alternativa para una salida más rápida: siga aprendiendo a medio tiempo parcial en cualquier escuela, pero al mismo tiempo ahorre agresivamente y comience su propio negocio hoy, únase a una red comercial, compre y venda cualquier producto al por mayor ... (ver sección 16-17).

Al observar el grupo del 20% superior que está mejorando en el libro 'Getting Rich Your Own Way' de Brian Tracy, se demuestra claramente que tiene un mejor cambio para enriquecerse cuando se inicia en el negocio solo que permaneciendo en la escuela.

74% de los millonarios tienen negocios propios
10% ocupan puestos de dirección ejecutiva
10% son doctores, abogados y profesionales
04% son profesionales en varios servicios de venta
02% son de todas las otras alternativas de negocios

Todos tenemos el elemento más importante para hacerse rico: el tiempo, es el mayor factor de ecualización que le da a todos una oportunidad similar de prosperar. Por lo tanto, todos tienen 24 horas al día, ya sea que te des cuenta o no. El tiempo puede convertirse en dinero: puede usarlo, invertirlo o perderlo, pero nadie puede comprar más que su propia vida. Sin embargo, puede aumentar los beneficios financieros del tiempo al asociarse con otras personas y utilizar el poder de las redes como palanca. Luego, debe realinear tu configuración mental, como dijo Robert Kiyosaki:

"La configuración mental de los pobres y la clase media es trabajar por dinero con el miedo constante de perder su trabajo; están atrapados yendo a trabajar para que les paguen para pagar facturas y comprar pasivos, mientras que la mentalidad de los ricos los hace libres ahorrando, invirtiendo de manera inteligente y comprando activos que generan ingresos que hacen que el dinero trabaje y genere más dinero para ellos ... "

Las Leyes de Creencia, según lo articulado por Bryan Tracy, dice que "tu creencia determina tu realidad" ... vemos el mundo a través de una pantalla personalizada coloreada con prejuicios formados por una estructura de creencias (paradigma) ... si te ves a ti mismo como rico o pobre, feliz o infeliz, exitoso o no, es principalmente porque lo que crees te hace sentir de esa manera... Es como un espejo reflectante de 360 grados a tu alrededor, cualquier interpretación que hagas de cualquier situación que veas, es un reflejo de tu forma de pensar.

Bryan propone que, si hemos sido programados para caminar, hablar y pensar de la manera en que lo hacemos hoy, entonces podemos cambiar nuestra secuencia interna y reprogramarnos para reflejar otras ideas proactivas para enriquecernos.

Un cambio de paradigma de diferentes grados se ha practicado durante cientos de años en muchas culturas. Prácticamente cualquiera de nosotros puede reorganizar, cambiar o modificar la mayoría de los aspectos de nuestra propia historia de vida dándole un final que nos gustaría ... '¡Salí de la pobreza y me hice rico, y vivimos felices para siempre!

Considere clonarse en dos personalidades: usted, la persona promedio que hace lo que todos los demás hacen, y usted, el genio financiero siempre activo a cargo de su propia vida. Esta persona adicional es el dinero de su cartera cuando se invierte para trabajar para usted.

Recuerde: no tenemos que reinventar la rueda para salir de la pobreza y enriquecernos. Henry Ford desarrolló el concepto de línea de ensamblaje para construir el automóvil moderno y se hizo rico, pero obtuvo cuatro llantas de una fuente, un motor de otra, un carro de otro lugar y mantuvo toda la empresa unida utilizando los talentos e ideas de otras personas.

La siguiente sección examinará algunas características de los ricos y cómo podemos aprender de su éxito.

16: Cómo hacerse rico

Si desea hacerse rico, es tan sencillo como llegar al mercado. Depende principalmente de dos palabras, industria y frugalidad: no pierdas ni tiempo ni dinero, pero haz el mejor uso de ambos.

Benjamin Franklin, 1754.

Los ingredientes básicos para hacerse rico son el tiempo y el dinero, dado que todos tienen la misma cantidad de tiempo, el siguiente paso es usar su mente para administrar sus recursos y ganar más dinero. Hacerse rico es el resultado combinado de múltiples factores, pero todo el proceso comienza con su imaginación.

Entonces, ¿qué te impide ser rico? En la mayoría de los casos, es solo una cuestión de creencia. Según Suze Orman en su libro "The Courage to Be Rich", debe tener el coraje de creer que puedes ser rico, elegir ser rico y tomar las medidas necesarias para ganar suficiente dinero para lograr su objetivo.

"Debes querer más ... No hay nada de malo en querer más"...
Suze Orman

En su libro "El millonario de un minuto", Robert G. Allen estima que cada 60 segundos alguien se convierte en millonario en este mundo. Algunos tomaron 60 años, otros 60 meses, 60 días ... y pocos pudieron haberlo hecho en la lotería por 60 segundos. Note que solo toma un minuto, para comenzar a pensar, entonces depende completamente de usted cuánto tiempo tomará hacer su primer millón.

David Bach y Suze Orman coinciden en el poder del ahorro automático, diario. Concuerdo que si uno puede ahorrar al menos $100 pesos por día, puede enriquecerse al final de su vida laboral, pero si pudiera ahorrar e invertir $200 pesos por día, puede enriquecerse más rápido.

El concepto más importante a considerar hasta aquí es que, debe trabajar no solo con sus manos físicas, sino también con su mente. Sugiero comenzar a pensar, hablar, vestirse y comportarse como alguien que ya es rico y feliz. Reorganice su oficina en casa, limpie su escritorio, actualice su guardarropa, deseche la ropa vieja, obtenga tarjetas de negocios, correo electrónico, un email fijo y cree su propio sitio web.

Ser reorganizado mental y físicamente proyectará una imagen profesional y sus modales atraerán abundante riqueza a su vida.

17: Siete Fórmulas para hacerte rico.

Según Robert Kiyosaki, un activo generador de ingresos es algo que pone dinero en su bolsillo: simplemente un pasivo es algo que saca dinero de su bolsillo. Si deja de trabajar, su activo es algo que produce dinero para apoyarlo. Trabajar más duro, tener un segundo trabajo, obtener horas extras y saltarse las vacaciones puede aumentar sus ingresos ganados, pero no puede aumentar drásticamente su riqueza a menos que aprenda a leer y comprender las palabras y los números que muestran de dónde fluye el efectivo.

La regla número uno para hacerse rico es conocer la diferencia entre un activo y un pasivo, y comprar activos.

Robert Kiyosaki

Para ser verdaderamente independiente desde el punto de vista financiero, debe saber la diferencia entre comprar cosas que mejoran su patrimonio neto y cosas que lo endeudan para aparentar rico.

Los activos y la responsabilidad son conceptos antiguos y simples, pero profundos, demostrados por la realidad práctica: las personas ricas son las que adquieren activos, mientras que las pobres y las de clase media compran obligaciones, que ellos consideran activos. Por lo tanto, si pasa su vida comprando pasivos, definitivamente permanecerá en la clase media o pobre, pero si invierte y compra más activos generadores de ingresos, se hará rico.

El primer paso en un proceso clásico de emprendurismo es elegir en tu mente hacer algo (haré una mejor trampa para ratones). El segundo paso es desarrollar una estrategia comercial que genere ganancias (la venderé a todos). El tercer paso es la voluntad de implementar su idea de proceso enfocándose en su objetivo con trabajo duro y perseverancia. (Iré de puerta en puerta y a través de la web).

Aunque a todos les gustaría ser ricos, la mayoría de las personas nunca se enriquecerán porque no actúan en consecuencia. La analogía de la rica línea de buffet es que, para comer, debes dejar de hacer lo que estás haciendo, levantarte, hacer cola y luego debes mantener tu espacio en línea para poder compartir.

Ciertamente, puede crear tu propia nueva forma de riqueza y cocinar tus propias comidas, pero el consejo del millonario de al lado es entrar en la línea de buffet, mantenerse en fila y seguir una de las siguientes fórmulas para ser independientemente rico.

FÓRMULA #01:

Si está empleado, busque el camino interno para ascender, aproveche sus beneficios de pensión y sea el mejor empleado que pueda ser. Tome el asesoramiento gratuito de los planificadores financieros de su banco y deduzca del 10 al 20% de su salario mediante un depósito automático en el mercado monetario, bonos municipales o cuentas de jubilación IRA-401K, y "nunca" haga un retiro: recuerde que si puede ahorrar solo $10% de su ingreso por día, puede jubilarse rico, pero si puede ahorrar e invertir $20% por día, puede enriquecerse más rápido y jubilarse más joven.

Mientras el plan de ahorro automático esté vigente, continúe incursionando en cualquier otro tipo de negocio en las líneas rápidas. Pase lo que pase, en menos de diez años, tendrá al menos un capital de seguridad y se enriquecerá de esta manera u otra.

Si no tiene trabajo, obtenga su licencia de conducir y comience a buscar trabajo de inmediato y lea las secciones 26 a 28 para crear su propio negocio de hoy.

FÓRMULA #02:

Conviértase en emprendedor para mejorar o crear un nuevo producto y comenzar un negocio, cualquier tipo de negocio, por ejemplo: Después de ahorrar $1000.00 o más, solicite a su banco que le financie un préstamo garantizado de $1000.00 (manteniendo ahorros como garantía) y abra una nueva cuenta de crédito para realizar un seguimiento del dinero gastado en su negocio. Cree un nombre de empresa utilizando su cedula como su número de identificación fiscal. Investigue su área local para encontrar bienes y servicios que usted y sus vecinos desearían comprar, y luego compre algunas docenas de dichos productos a un costo mayorista, ofrézcalos y véndalos a otros por debajo de los precios minoristas actuales.

Actualice su negocio a Internet y configure su propio sitio web. Recuerde que una idea o un producto es todo lo que necesita para comenzar a hacer su primer millón. Al mismo tiempo, continúe la Fórmula # 1 para ahorrar 10-20% de sus ingresos y aprenda a reinvertirlo.

FÓRMULA# 03:

Regrese a la escuela y conviértase en un profesional de nivel universitario invirtiendo entre 5 y 10 años en educación y capacitación para una profesión de altos salarios en Derecho, Negocios, Medicina, Ingeniería y otros campos que pueden cobrar altas tarifas por los servicios.

No use el poco dinero que tiene para pagar la escuela: use subvenciones federales y préstamos estudiantiles para pagar la totalidad de sus estudios. Investigue sus opciones de carrera antes de ir a la escuela de posgrado y elija un campo en sintonía con sus preferencias académicas. Al mismo tiempo, continúe la Fórmula # 1 para ahorrar 10-20% de sus ingresos y aprenda a reinvertirlo.

FÓRMULA #04:

Obtenga un trabajo de cuello blanco en una gran empresa o un puesto en el servicio civil y suba dentro del laberinto federal de agencias a través de la pirámide de empleos corporativos.

Casi el 10% de los millonarios actualmente manejan contratos gubernamentales, administran corporaciones privadas y poseen opciones de acciones considerables en sus compañías. Al mismo tiempo, continúe la Fórmula #1 para ahorrar 10-20% de sus ingresos y aprenda a reinvertirlo.

FORMULA # 05:
Únase a la fuerza de venta y consultoría en cualquier nivel. El 5% del millonario de hoy hizo su fortuna a través de múltiples estilos de venta al por mayor y al por menor. Afortunadamente para todos nosotros, vender es una habilidad que se puede aprender. Casi todos los que se hicieron ricos han vendido algo a alguien, en algún lugar, en algún momento. Una vez que decida ofrecer un producto a la venta, debe aprender el arte de vender o unirse a alguien que hará la venta por usted. Al mismo tiempo, continúe la Fórmula # 1 para ahorrar 10-20% de sus ingresos y aprenda a reinvertirlo.

FÓRMULA 06: la inversión inmobiliaria ofrece un conjunto de oportunidades de múltiples niveles para que participe el pequeño inversor. Después de comprar y arreglar su primera casa, use el capital para iniciar ofertas rápidas o para comprar, arreglar y vender la próxima casa. Luego intente comprar y mantener una propiedad de alquiler que genere ingresos, y eventualmente pasar a propiedades de duelo múltiple o comerciales. Antes de aventurarse en bienes raíces, le recomiendo que aprenda todo lo que pueda sobre el tema.

¡No intentes esta aventura solo! Encuentre un socio inversor o un cónyuge de apoyo. Reúnase con vendedores, corredores y prestamistas hipotecarios experimentados, y luego rodearse de un equipo ganador de personas que están haciendo dinero activamente en el campo. Al mismo tiempo, continúe la Fórmula # 1 para ahorrar 10-20% de sus ingresos y aprenda a reinvertirlo.

FÓRMULA 07:

Invierta en el mercado de valores. La primera parada es en el banco de su vecindario, donde con gusto le presentarán las opciones básicas de inversión del día. Las Fórmulas de inversión van desde relativamente simples y de bajo riesgo, hasta complejas y de alto riesgo. Pero antes de ingresar al foro comercial, debe revisar el lenguaje, conocer a los jugadores, estudiar las Fórmulas, ponderar las recompensas y los riesgos potenciales de invertir en el mercado financiero.

Si desea ingresar al mercado, conéctese en línea para aprender y trabajar con Bancos cuyo historial probado puede ser confiable.

Una vez más, su primera parada es en el banco de su vecindario. Pueden servir como su cuenta de corretaje inicial para acceder al amplio mundo de inversiones en acciones, bonos, fondos mutuos, anualidades, hipotecas colaterales, certificados de depósito, mercado monetario y cuentas de jubilación.

Personalmente, no aproveché la inversión temprana en el mercado de valores y comencé mi propia reprogramación financiera un poco tarde; sin embargo, he elegido una combinación de tres vehículos para lograr mi crecimiento financiero: un trabajo estable con beneficios de salud y pensiones, b) comprar, arreglar y vender bienes inmuebles, y c) una combinación oportunista de ventas al por mayor.

Tengo que depender de los ingresos obtenidos de mi trabajo estable como maestro para pagar mis gastos de vida mientras ahorro 10-20% en un fondo diferido de impuestos 401-K, que se invierte a 7% fijo con mi plan de pensiones. Utilizo el capital inmobiliario en mi primera casa como garantía para comprar, arreglar y vender otra casa, y finalmente, utilizo prestamos seguro de mi plan de pensiones para comprar y revender artículos por debajo de los precios del mercado.

Algunos de mis amigos, que comenzaron antes, ganaron dinero en el mercado de valores, mientras que otros perdieron sus ahorros con la burbuja de Internet, pero si continúo en el camino elegido, tarde o temprano, yo también me convertiré en millonario.

No es recomendable que hagan nada exactamente como yo. Mi enfoque utiliza muchos libros de otros autores y mis ideas personales. Pero estos son solo ejemplos; si una oportunidad parece demasiado grande o demasiado pequeña, si no ve su potencial, si es tan compleja que no la comprende ... ¡no lo haga! Una simple matemática diaria y sentido común es todo lo que se necesita para atrapar la próxima ola y hacerse rico.

18: El poder eterno de la educación

La mayor riqueza es la educación. "Si las personas son flexibles, mantén una mente abierta y aprende, se enriquecerán a través de los tiempos cambiantes ... Si piensan que solo el dinero resolverá los problemas, me temo que esas personas tendrán un viaje difícil", dijo Robert Kiyosaki, "la inteligencia resuelve problema y produce dinero: el dinero sin inteligencia financiera es dinero que pronto desaparece ".

En el mundo de la naturaleza, todas las criaturas vivientes pueden aprender, cambiar y adaptarse al medio ambiente de innumerables maneras. La herencia financiera puede dar ventaja a algunas personas, pero lo que marca la diferencia al final no es cuánto comenzó con sino cuánto puede ganar y cuánto mantiene. Muy pocas personas nacen en la riqueza y muchas más nacen en la pobreza, sin embargo, las noticias diarias nos hablan de innumerables personas que nacieron pobres y se hicieron ricas.

La escritura de Benjamin Franklin de hace 200 años es la evidencia actual de que la auto-educación es primordial para el éxito, sobre todo, un hábito de lectura para toda la vida. Nuestro sistema escolar, obsoleto como está, todavía le ofrece una oportunidad muy importante para obtener un diploma profesional y convertirse en un miembro contribuyente de la sociedad.

Obtenga un AA, un BA, un MBA o un doctorado, pero recuerde que la educación tradicional por sí sola no puede garantizar que se enriquecerá, pero garantizará su salida de la pobreza. Un título universitario no debe ser tratado como un fin en sí mismo, sino como el comienzo de una larga lucha entre la ignorancia y el conocimiento. En el mundo de los negocios, "se requiere tarea y habrá una prueba". Dijo Donald Trump. Si bien puedes aprender mucho en la escuela, escuchar a la gente y ver los eventos que te rodean, "la conclusión es conocer y comprender el proceso: tu tarea es aprender todo lo que puedas sobre cualquier negocio que estés haciendo". El conocimiento es la clave, pero es una mercancía sensible al tiempo y la información más preciada puede volverse obsoleta o irrelevante en cualquier momento: si deja de buscar la comprensión y no actualiza la base de conocimiento, la ignorancia puede establecer y arruinar sus posibilidades por una vida mejor.

19: El factor de alfabetización financiera

He sido maestro de escuela durante 25 años y realmente no pensé mucho en hacerme rico. Desafortunadamente, la mayoría de mis estudiantes y colegas bien educados que persiguen con éxito su profesión, incluyéndome a mí, parecían estar luchando con la clase media.

Algunos trabajaron más duro, incluso tuvieron dos trabajos, pero no parecían avanzar monetariamente. Sabía que algo faltaba o se malinterpretaba en nuestro sistema educativo actual: ha cambiado poco desde la era agraria, el plan de estudios parece estar fuera de sintonía con la realidad y todavía gradúa a los estudiantes prácticamente sin fundamento financiero. Por lo tanto, el eslabón perdido en la educación de hoy es la educación financiera en palabras y números, y esta falta de conocimiento económico es el núcleo de la lucha financiera de la mayoría de las personas.

Me dicen que el conocimiento 'aplicado' es poder, pero el conocimiento general fuera de contexto no tiene poder en absoluto. La universidad e Internet pueden darle acceso a prácticamente todas las formas de conocimiento que su cerebro puede tomar, pero toda la información en el mundo no atraerá dinero a menos que se reorganice. El conocimiento puede convertirse en poder económico solo cuando, y si, está alineado hacia metas y objetivos financieros definidos.

Por lo tanto, una persona con educación no es necesariamente la que tiene una abundancia de escolaridad tradicional; Es una persona que ha desarrollado una mente capaz de procesar información para hacer algo más con dinero, comprender y adquirir riqueza sin violar las leyes o el derecho de los demás.

La investigación ha demostrado consistentemente que los humanos exhiben "inteligencias múltiples" (Howard Gardner, Universidad de Harvard). La inteligencia es "un potencial biosociológico para procesar formas específicas de información: un conjunto de inteligencias múltiples que permite a los humanos resolver problemas o crear diferentes productos".

Además de la inteligencia verbal y matemática, Gardner asegura que existen otros tipos de inteligencia, como las inteligencias visual-espacial, musical, cinética-física, naturalista, personal, interpersonal y existencial, ninguna de las cuales se mide en nuestras escuelas. Las escuelas no desarrollan ni prueban la "inteligencia social e inteligencia financiera", que es la forma de inteligencia mejor pagada en el mundo en la actualidad.

Robert Kiyosaki es referido como el "maestro de escuela millonario" porque se especializa en enseñar a las personas a ser millonarios ... "La educación es importante", dijo, pero la razón principal por la que las personas luchan financieramente es porque pasan muchos años en las escuelas y no aprendieron nada sobre dinero ... El resultado es que las personas aprenden a trabajar por dinero ... pero nunca aprenden a tener el dinero trabajando para ellos ".

Aunque la mayoría de la gente puede aprender a leer noticias y eventos actuales, algunos no aprenden mucho sobre el mundo, y otros parecen no entenderlo en absoluto. Todavía aprendemos por ensayo y error y dado que nadie puede saber todo lo que hay que saber, debemos aprender las soluciones correctas de los demás.

20: Aprende de los ricos

¿Has notado que los ricos no necesariamente trabajan por dinero? En cambio, tienen dinero entrando y trabajando para ellos a través de múltiples formas y medios: los ingresos ganados son el dinero que gana de un trabajo de día. El ingreso pasivo se deriva de los activos que generan ganancias (principalmente bienes raíces) y el ingreso de la Cartera es el beneficio de los activos en papel como acciones y bonos. Por ejemplo, lo que hace a Bill Gates rico y más rico todos los días no es su ardua "ganancia de ingresos" sino el ingreso pasivo y de cartera generado por sus inversiones.

Donald Trump es uno de los hombres más ricos de Estados Unidos, sin embargo, continúa invirtiendo constantemente y hace tratos las 24 horas. "No lo hago por dinero". Él dijo: "Lo hago para hacerlo". En su libro Trump: How to Get Rich (2004) dijo: "Tampoco creo que debas hacerlo por el dinero. El dinero no es un fin en sí mismo, pero a veces es la forma más efectiva de ayudarnos a hacer realidad nuestros sueños ".

Una de las ofertas más recientes y ejemplares de Trump antes de la publicación de este libro fue la compra de una mansión de 41 millones de dólares durante una venta por bancarrota en Florida. La propiedad está ubicada en Country Rd., Palm Beach "Billionaire's row" a lo largo del Océano Atlántico. Este acuerdo único de Donald Trump resume una de las formas más efectivas de ganar dinero en bienes raíces: re urbanizar una propiedad actualizable, en una buena ubicación, comprarla a bajo precio y venderla a alto precio. "Lo obtuve por el precio correcto, lo arreglaré y lo convertiré en una casa de ensueño estadounidense", dijo. A medida que pasa el tiempo, el valor de la propiedad aumentará y él puede usar el capital para financiar más negocios o revender la propiedad con una ganancia considerable.

Usted está invitado a tomar la primicia de los treinta años de experiencia de Donald Trump en la cima del desarrollo inmobiliario. Entonces, si tiene un gran sueño, un fuerte deseo de ser rico haciendo algo y está buscando una manera de hacerlo realidad, lea algunos de los libros de Trump de los cuales se extraen los siguientes consejos:

1. Piensa en grande y vive en grande. Las posibilidades siempre están ahí, si crees que es demasiado pequeño, puedes perderlas. De alguna manera, es más fácil comprar un rascacielos que una casa pequeña.

2. Manténgase enfocado y manténgase actualizado sobre las últimas investigaciones en su campo. No importa lo que esté administrando, no asuma que puede deslizarse ignorando los detalles. Mantenga la vista en el panorama general mientras trabaja duro manteniendo la atención en cada detalle de su negocio.

3. Mantenga su puerta abierta porque el aprendizaje es un nuevo comienzo que podemos darnos todos los días. Una actitud sabelotodo es como una puerta cerrada. Hágase accesible para que la gente transmita sus ideas por usted, y cuando presente sus ideas sea audaz y firme.

4. Vestirse con éxito significa comprender su entorno y adaptarse a la ocasión: es conocer la cultura y hacer un esfuerzo consciente para reflejarla y respetarla. Ten en cuenta que tu actitud y la ropa que elijas dice mucho de ti antes de decir una palabra.

5. Obtenga un acuerdo prenupcial. No significa que tenga dudas o que no ame a su cónyuge. Todo lo que significa es que ambos socios reconocieron que la vida, especialmente las partes relacionadas con el amor y los negocios, puede ser complicada y que las personas tienen derecho a proteger sus activos…"

Expanda su lista de lectura para incluir una revisión biográfica rápida de los ricos y famosos, descubrirá que la mayoría de estos millonarios contemporáneos intentaron muchas cosas y fracasaron varias veces.

A diferencia de Donald Trump, que despide a otros en el programa de televisión The Apprentice, algunos de ellos fueron despedidos. Pero no perdieron el tiempo mirando al suelo, se recuperaron de las cenizas y se levantaron como el mítico ave fénix de fuego. Desarrollaron miles de ejemplos comerciales exitosos con ideas nuevas y rentables. Harvey Mackay, en su libro "Nos despidieron", examina este secreto común detrás del éxito de muchas celebridades de negocios de hoy. Entre ellos: Bennie Marcus, fundador de Home Depot; Pat Mitchell de PBS; Tom Stemberg-Fundador de Staples; Joe Torre, Gerente de los Yankees de Nueva York; Larry King- anfitrión de CNN; Lee Iacocca, presidente de Chrysler Corporation y Michael Bloomberg, alcalde de la ciudad de Nueva York, solo por nombrar algunos.

También debe familiarizarse y aprender del estilo empresarial histórico y contemporáneo de personas como Andrew & Dale Carnegie, Henry Ford, John D. Rockefeller; George Eastman, Thomas Edison, Alexander Graham Bell, Charles M. Schwab, Alfred Nobel, Mary Kay, fundadora de Mary Kay Inc; Jeff Bezos, Amazon.Com; Felix Cabrera, Latin Music, Michael Dell, Dell Computers; Bill Gates, Microsoft; Paul Getty, Louis Gerstner, IBM; Allan Greenspan, Reservas Federales de los Estados Unidos;

Steven Jobs, Computadora Apple; Muhammad Yanus, el Grammen Bank; Pablo Jiménez, Mirage Seafood; Frederic Smith, American Express, George Soros, Open Society Institute; Sam Walton; Wal-Mart; Oprah Winfrey, el Grupo Harpo; Ted Turner, CNN; Carlos Gómez, United Tele-card Alliance; Andrew Grove, Intel Inc ... No hay fin a esta lista y no hay límite a lo que puede obtener de la experiencia de los mejores empresarios de nuestro tiempo.

Estos nombres no son más que la punta de un iceberg gigante de riqueza, dirigido por una red altamente organizada de grupos inteligentes de hombres y mujeres cuyas formas y medios de administrar el dinero contribuyen al bien de la sociedad y generan ganancias sustanciales para ellos mismos.

Estos grupos incluyen científicos, educadores, inventores, financieros, empresarios, expertos en negocios, políticos, médicos, abogados y una lista más larga de especialistas en todos los campos de la ciencia, los negocios y la industria. Estos se encuentran entre los benefactores verdaderamente ricos de la sociedad.

Son pioneros en nuevos campos, construyen mejores carreteras, construyen nuevos edificios, publican literatura, apoyan colegios, hospitales, escuelas públicas y pagan impuestos gubernamentales que a su vez se encargan de los numerosos detalles esenciales para gobernar un gran país.

Saber "quiénes" son los ricos y cómo continúan haciendo dinero lo ayudará a simular y seguir su ejemplo para descubrir sus puntos fuertes y desarrollar su propio potencial comercial.

La puerta del American Millionaire Club no está cerrada. Es muy posible que la persona exitosa gane millones ... *Siempre habrá espacio para las personas con energía e imaginación para implementar nuevas ideas en productos y servicios ".*

J. Paul Getty

21: Tenemos que saldar deudas

El contenido de esta sección no es necesariamente información nueva, pero cuestionarse a sí mismo y repetir algunos consejos memorables definitivamente lo ayudará a salir de la trampa de la deuda. ¿Qué recursos tengo? ¿Cuáles son mis objetivos a corto y largo plazo? ¿Cuánto es mi ingreso? ¿Cuáles son mis gastos? ¿Qué necesito? ¿Qué quiero? ¿Cuáles son mis elecciones? ¿Que puedo hacer? ¿Cómo puedo salir de este desastre?

Si ya está luchando con una deuda masiva, considerando la bancarrota, sintiéndose desesperado por los bajos ingresos y subiendo los saldos de las tarjetas de crédito, no está solo. Todos tenemos algún tipo de deuda en un momento u otro. Los problemas financieros caen sobre todos, pero cualquier cosa que te afecte, es como consecuencia directa o indirecta de tu acción o falta de acción de la misma. Por ejemplo, si desea llegar al Polo Norte, cualquier paso que tome debe alinearse en dirección norte, pero un error de cálculo menor lo desviará del rumbo, y ahí es cuando ocurren los problemas.

Aunque probablemente no sea posible vivir 100 por ciento libre de errores y deudas, hay ayuda disponible para corregir su curso y administrar la deuda que ya tiene.

La metodología que se detalla a continuación está adaptada de los principios de Anónimo del deudor, y la clave para su reorganización financiera se basa en seguir estos pasos consistentemente:

1) Tome la decisión de cambiar su estilo de vida y establezca un objetivo direccional: ¡libre de deudas en tres años!

2) Deja de pedir prestado de inmediato, deja de cavar profundamente en tu propio agujero de tierra.

3) Vive un día a la vez gastando menos; no necesita incurrir en ninguna deuda nueva.

4) Reducir gastos innecesarios, facturas consolidadas y refinanciar préstamos existentes.

5) Haga un cronograma de pago automático y duplique los pagos mínimos en tarjetas de crédito.

6) Mantenga y revise sus registros de gastos diarios para saber a dónde va el dinero.

7) Comience a ahorrar automáticamente 10-20% de sus ingresos lo antes posible.

Y controla todo lo que haces, no solo el plástico. Se suman pequeños gastos diarios. Mucha gente piensa que las tarjetas de crédito son el mayor problema, pero también se trata de otras deudas y hábitos de gasto, como hipotecas, alquileres, préstamos para automóviles, compras diarias y gastos de entretenimiento. Puede comenzar con un plan de pago mínimo y no se preocupe tanto por pagar la deuda como por no aceptar una nueva deuda un día a la vez.

Si tiene varias deudas, concéntrese primero en pagar la que tenga un interés más alto. Cada vez que reciba efectivo adicional, realice un pago adicional y, si desea pagar poco, pague al menos el doble de la cantidad que indica como pago mínimo. Lo que las compañías de crédito llaman el mínimo es un truco para que pague principalmente intereses mientras su deuda total se mantiene casi igual.

Cuando se trata de dinero, usar su efectivo es más barato que el crédito; pruébelo pasando un mes o dos sin tarjeta de crédito. No esperes milagros instantáneos y sé paciente hasta que alcances tu objetivo. El problema para la mayoría de las personas no son sus ingresos ... Casi todos ganan suficiente dinero para pagar facturas, ahorrar y hacerse ricos con el tiempo ... El problema, dijo David Bach, "*es la forma en que la mayoría de las personas gastan dinero todos los días, pierden su tiempo y compra tantas cosas pequeñas* ".

Te dejaré un pequeño secreto: no necesitas usar tarjetas de crédito y no necesitas comprar más cosas. Ahora, hay un viejo concepto revolucionario. Si realmente lo piensa, cuántas personas en su vida, incluido usted, dicen: "Necesito una tarjeta de crédito para emergencias". ¿Bien adivina qué? Casi en todas partes tiene dos opciones, puede pagar con tarjeta de crédito o en efectivo. Use una tarjeta de débito en su lugar.

21.1. ¿Bancarrota?

En el peor de los casos, está tan hundido en deudas incobrables que no puede evitarlo y tiene que considerar los servicios de consolidación de deudas o la bancarrota. Antes de pedir ayuda, vaya a la biblioteca de Internet e investigue el nombre de cualquier compañía que solicite sus facturas y su número de seguro social. Tenga cuidado con aquellos que quieren ayudarlo a salir de la deuda; en muchos casos quieren tu dinero y puedes hundirte más.

Si acumula el doble o el triple de los ingresos de su hogar en deudas incobrables, es hora de contratar a un abogado y considerar la bancarrota según el capítulo 7 o 13. Le costará $ 700-1500.00 y cancelará la mayoría de sus deudas, pero limitará el crédito futuro. por los próximos siete años. En el análisis final de deuda buena y deuda mala, puede optar por pagar por la ayuda profesional o puede hacerlo usted mismo.

El proceso puede parecer simplista, y bueno, es simple, pero no es fácil. En cualquier caso, debe encontrar una manera de aumentar sus ingresos, eliminar deudas y comenzar a ahorrar agresivamente al mismo tiempo.

22: Seguimiento del dinero

Mantenga un registro de cada centavo que entra y sale de su vida. Cuidado; no puedes tener un dólar con un centavo menos. Les puedo asegurar que esta sugerencia sola, junto con no asumir nuevas deudas, hará que su vida sea muy diferente. Mantenga un registro de gastos semanal o simplemente un registro mensual.

Debería ocupar muy poco tiempo, pero ayudará a ver cuánto dinero sale de la columna de gastos cada mes. No es suficiente adivinar una cantidad. Son las cosas pequeñas y cotidianas las que deben tenerse en cuenta. Puede usar una computadora o escribirla en una hoja de papel antigua. Hasta que escriba todo, nunca comprenderá completamente dónde están sus problemas de dinero.

El seguimiento de sus gastos le indica a dónde se ha ido su dinero, mientras que su presupuesto anticipa a dónde irá su dinero. La diferencia entre esos dos puede ser la fuente de nuevos ahorros, que puede usar para comenzar a invertir.

Comience a desarrollar un plan de gastos realista con los recursos que ya tiene, comprométase a seguirlo con autodisciplina financiera, y será una herramienta útil para construir su patrimonio neto antes de retirarse.

Piense en la autodisciplina financiera como gastar su dinero de manera prudente: poseer propiedades menos costosas y ahorrar la mayor cantidad de dinero posible, tan rápido como sea posible, para que sus inversiones comiencen a crecer rápidamente con impuestos diferidos. Gaste y ahorre juiciosamente y saldrá muy por delante de la mayoría de las personas. Pero, de nuevo, tienes que aprender a estar satisfecho con cosas menos costosas y disfrutar de las menos actividades de entretenimiento que hayas elegido.

23: Ahorrando dinero

¿Qué se necesita para comenzar a ahorrar y salir de la deuda? Jean Chatzky sugiere en su libro Pay It Down que puede comenzar a pagar deudas ahorrando $ 10 adicionales al día sin horas extras: si se salta una película ... si se salta el almuerzo en McDonald ... si se lava su propio auto ... si se salta un Starbuck taza de café ... Si te saltas muchas de las pequeñas cosas sin las que puedes vivir, podrías hacerlo.

Ciertamente, si logras ahorrar $ 10 por día y hacerlo todos los días, será mágico para ti cuando lo inviertas. Revise sus facturas habituales y reduzca sus intereses transfiriendo saldos, refinanciando y consolidando sus préstamos ... Compre al por mayor y cocine su propia comida ... Trasládese a un área menos costosa si es necesario, cambie su automóvil por un modelo más antiguo ... Venda o done más pertenencias y no compre más cosas que no necesita. "Pagarse a sí mismo primero" es un concepto amplio que ha existido durante años. Es la base de la ruta segura #1 para enriquecerse.

Una forma práctica de pagarse primero sería abrir una cuenta de jubilación antes de impuestos (IRA, 401K) y financiarla con el primer 10-20% de sus ingresos deducidos automáticamente de su cheque de pago antes de impuestos. Puede parecer que tiene menos dinero para gastar, pero lo ahorrará el doble de los impuestos actuales, mientras su dinero trabaja para usted acumulando intereses. Si el 10% parece demasiado difícil para su situación actual, comience con 2, 4, 8% o cualquier cantidad, pero hágalo obligatorio, como el dinero de su alquiler, deposítelo a tiempo y de manera automática.

Eventualmente, se acostumbrará a ahorrar un 10% y vivirá con el 90% restante hasta que el ahorro sea una segunda naturaleza y pueda aumentar su inversión hasta un 20% de sus ingresos. Este es uno de los fundamentos de hoy en día para generar riqueza tanto para los empleados como para los empresarios independientes.

Recuerde, si necesita pedir prestado un préstamo a corto plazo, use el dinero del banco (podría usar los ahorros 401K como garantía) pero no retire fondos de su red de seguridad.

Algunos dirían que no vale la pena ahorrar porque el interés que pagan los bancos es muy bajo. Pero te digo que, incluso sin interés, cuanto antes comiences a ahorrar, mejor.

Una vez que haya ahorrado algo de dinero, puede iniciar un pequeño negocio o transferirlo a cuentas de inversión. Al ahorrar regularmente, desarrollará un hábito y creará una reserva financiera que le permitirá invertir en activos que generen ingresos, que eventualmente pueden usarse para pagar los lujos que desea.

Asegúrese de que sus ahorros sean parte de la Fórmula de inversión compuesta porque el dinero en el banco sin ganar intereses, en realidad reduce el valor del dólar debido a la inflación. Recuerde, al hablar con su banquero, puede usar los ahorros 401K como garantía, pero no retire fondos directamente de su red de seguridad.

Aunque le animo a que ahorre del 10 al 20% de su dinero, también debe considerar invertir parte de sus ahorros para comprar activos que generen ingresos, incluso cuando lo endeuda, pedir préstamos para invertir es una buena deuda y es mucho mejor que el simple ahorro.

24: Préstamo de dinero y crédito

Después del capital-efectivo y la información, el crédito para usar el dinero de otras personas (OPM) es una de las fuerzas económicas más poderosas de la actualidad. Si bien es cierto que las personas irresponsables abusan del crédito para destruir su propia vida financiera, existe evidencia de que los inversores inteligentes utilizan repetidamente el crédito para enriquecerse. Se acumula una deuda incobrable por el uso frívolo de las tarjetas de crédito para comprar joyas, autos lujosos, juegos de azar y otros gastos personales.

Estos son fondos que deben pagarse de su bolsillo, eventualmente cayendo en espiral y haciendo que las personas sean pobres. La buena deuda es OPM utilizada para iniciar un negocio, comprar al por mayor para revender u obtener otros activos que generan ingresos, como el alquiler de inmuebles. Debe deshacerse del derroche sobre el hábito de gasto y aprender a utilizar un crédito de buena inversión para su ventaja financiera.

Algunos asesores de crédito pueden recomendarle que corte y abandone sus tarjetas de crédito por completo. Digo NO: prefiero sugerir formas de aumentar sus líneas de crédito: pida prestados $1000 + de la tarjeta núm. 1 y $ 1000 + de la tarjeta núm. 2, use los cheques de la tarjeta núm. 1 para hacer pagos en el núm. 2 y los cheques del núm. 2 paguen el num.1 pago mínimo mientras invierte los $ 1800 + prestados de ambas tarjetas, use las ganancias para pagar tanto el capital como los intereses, luego pídalo prestado nuevamente del # 1 y # 2 y continúe pagando al menos el doble del pago mínimo. Finalmente, el sistema aumentará sus líneas de crédito automáticamente y el resto es para que usted haga un historial. Puede aumentar sus calificaciones crediticias utilizando hasta tres tarjetas de crédito o tres bancos por ejemplo, haga un depósito de $ 1,000.00 para abrir una cuenta del mercado monetario en Chase Bank, utilícelo como garantía para solicitar un préstamo garantizado de Chase por $ 1000.00; Use el mismo dinero para abrir una segunda cuenta del mercado monetario por $ 1,000.00 en Bank of América, solicite un préstamo garantizado por Bank of América por $ 1,000.00 y finalmente use esa cantidad para abrir una cuenta de cheques gratuita en el Citibank más cercano. Use el pago automático de Citibank en línea para pagar a Chase y Bank of América. Realice retiros y depósitos regulares en cada banco y repita el ciclo de operación durante dos o tres meses. Dentro del sexto mes tendrá buenos registros de pago en Bank of América, Chase y Citibank.

Luego, puede solicitar un préstamo "no garantizado" de $ 1,000.00 de Chase y Bank of América, depositar este dinero en su cuenta corriente de Citibank y ahora debe tener al menos $ 3,000.00 para continuar con el pago automático y comenzar cualquier nueva empresa comercial. Advertencia, no gastes este dinero; es solo para fines de inversión.

Por lo tanto, actuando como un deudor consciente, puede usar el sistema de crédito para invertir y enriquecerse más rápido que las personas honestas que simplemente ahorran y ahorran, por ejemplo: si el precio minorista de un teléfono prepago es de $ 150, obtenga $ 1000.00 de una tarjeta de crédito y compre 10 teléfonos prepagos a $ 100 cada uno de un mayorista, dele la vuelta y véndalos a sus amigos y clientes a $ 140.00 (por debajo del mercado). Luego paga a sus acreedores, reinvierte sus ganancias de $ 400.00 y repite el proceso en una escala mayor hasta que se enriquezca.

Usando la misma fórmula en bienes raíces, si puede obtener una hipoteca de $ 100,000.00 para comprar una casa de reparaciones, incluso con un alto interés del 10%, entonces usa $ 20,000.00 de una tarjeta de crédito para rehabilitar la propiedad hasta un 20% de interés. Parece mucho interés hasta que vuelva a poner la casa en el mercado para revenderla por $ 160,000.00.

La venta de esta propiedad puede demorar entre seis meses y un año, pero pagará a todos y seguirá obteniendo ganancias.

Si agrega solo un cero "0" ="0" a cada uno de los números anteriores, notará cómo es qué alguien puede ganar hasta $3,000,000.00 en un solo acuerdo. Los ricos usan constantemente este sistema de uso de OPM para crédito para comprar barato al por mayor, vender por debajo del minorista, generar ingresos suficientes para pagar la cantidad prestada y obtener ganancias considerables.

Para reparar y aumentar su calificación crediticia, debe limitar el número de préstamos pendientes con tarjetas de crédito y utilizar el servicio de pago automático en línea para asegurar que los pagos se realicen a tiempo. Evite prestar o pedir dinero prestado a amigos y familiares a toda costa: es una forma más segura de dañar las relaciones. Si debe prestar o pedir prestado a un pariente, redacte un acuerdo de pago del préstamo que incluya intereses, calendario de pagos, feche y firme ambas partes. Si alguien no quiere firmar una nota, aléjese y diga "no, gracias", probablemente tampoco tenga intención de pagar.

25: Comprar una casa

Comprar una casa es uno de los pasos más importantes para hacerse rico, pero no intente comprar una mansión cuya hipoteca es más del doble de los ingresos de su hogar por año. Por lo tanto, si su ingreso anual combinado es de $ 1,000,000.00, establezca su límite asequible hasta $ 2,000, 000.00 para una vivienda. Espere un poco, compre una cooperativa más barata en su lugar, ahorre y rente para comprar después de estar financieramente seguro.

Cuando compre una casa que realmente ama, cómprela porque está convenientemente cerca del trabajo y la escuela, y puede pagarla. Algunos pueden decirle que una casa es su mejor inversión financiera. Bueno, eso depende. Según Ric Edelman, si los gastos de su casa son más de la mitad de sus ingresos, dicho activo no le está funcionando, pero usted está trabajando solo para pagar facturas y mantener un refugio.

Aún más, si ingresa en una de esas hipotecas a 30 años, dijo David Bach, está en la mayor de las estafas: pagará la casa dos veces a menos que la refinancie regularmente y realice pagos adicionales para reducir el capital. Recomienda hacer un pago mensual adicional que reducirá la vida del préstamo y le ahorrará hasta un 50% de los intereses.

26: El dinero nuestro, lo tuyo y lo mío

Una bonita casa se convertirá en un dulce hogar cuando la familia esté unida en asuntos físicos, emocionales y financieros. No hay una sola ecuación financiera para un matrimonio perfecto, pero he experimentado un arreglo de vida casi perfecto. Primero, redacte y firme un acuerdo pre-nupcial simple en el que ambas partes sean tratadas como iguales en la relación, incluso si usted no está casado y solo viven juntos.

Cada socio debe conservar sus derechos sobre las propiedades de propiedad anterior y ustedes dos deben mudarse juntos a un nuevo lugar, alquilado o comprado con ambos nombres. Luego obtenga a) una cuenta bancaria personal para ella, b) una cuenta bancaria personal para él y c) una cuenta corriente conjunta de ahorro para "nuestros" gastos de vivienda. Cada pareja debe contribuir al menos el 50% de sus ingresos individuales a la cuenta de vivienda. Aunque todos tenemos una moneda común, debe entenderse que cada socio tiene una perspectiva emocional diferente en asuntos de dinero.

Este sistema bancario de tres vías comparte la responsabilidad de una fuente central de dinero mientras deja apalancamiento privado para indulgencias personales y obsequios a su familia extendida sin afectar los fondos en "nuestro" presupuesto central.

Aunque los gastos de las cuentas personales son a discreción de cada pareja, debe ser flexible y generoso para agregar una porción adicional de amor y romance a todas las fórmulas para hacerse rico. Al contrario de la mayoría de los asesores financieros, yo también lo aliento a GASTAR 10 por ciento del dinero que gana haciendo las cosas que disfruta ahora; compre una prenda preferida, coma bien, beba, baile y viaje. Aunque ciertamente planea un mejor mañana, el futuro se construye viviendo un buen día a la vez. También necesita tiempo para reflexionar y descansar antes de cansarse. Por lo tanto, después de compartir el tiempo y la conversación con sus amigos y familiares, retírese a un lugar privado durante al menos una hora al día para meditar, hablar contigo mismo, a solas, en tranquilidad.

27: Formas de inversiones

Todos parecen estar de acuerdo en que invertir en el mercado de valores y en bienes raíces es una de las formas más efectivas de enriquecerse. Su gerente de cuenta bancaria o un especialista en inversiones financieras es su punto de partida para crear una cartera.

Pero que nadie le diga exclusivamente cómo y dónde invertir su dinero; esa es una decisión que debe tomar usted mismo en función de las circunstancias individuales. Nuevamente, mi consejo financiero es que sea simple; *Si alguna oportunidad de mercado parece demasiado compleja, si no la comprende, si no ve su potencial, no invierta en ella.* Una simple matemática cotidiana y sentido común es todo lo que se necesita para descubrir una buena inversión.

¿Cuánto dinero realmente necesitas para poner en marcha un plan de inversión? ¡Nada! O muy poco si consideramos el hecho de que casi todas las fortunas del mundo comenzaron con un balance CERO. Por lo tanto, si deja de gastar, comenzará a ahorrar ... aumentará sus ingresos ... luego comenzará a invertir ... pronto el interés se sumará ... acumulando meses y años.

Con sus hábitos de gasto bajo control, aprenderá a valorar el dinero ahorrado sobre cosas materiales y continuará reinvirtiendo, por extraño que parezca, esta es la forma más fácil y asequible por la cual la mayoría de las personas se enriquecieron: ahorrar poco a poco.

En su libro, Start Late and Finish Rich, David Bach muestra lo simple que es acumular una red de seguridad "automáticamente" invirtiendo solo unos pocos dólares. Eche un vistazo y compare las siguientes cantidades estimadas de dinero que podría generar invirtiendo $ 5-10-20 por día durante un período de 10 o 20 años suponiendo un retorno del 10%:

Diario	Mensual	10 años	20 años
$ 5	$ 150	$ 30,000	$ 114,000
$ 10	$ 300	$ 61,000	$ 228,000
$ 15	$ 450	$ 92,000	$ 342,000
$ 20	$ 600	$ 123,000	$ 456,000
$ 30	$ 900	$ 184,000	$ 683,000
$ 40	$ 1200	$ 246,000	$ 910,000
$ 50	$ 1500	$ 307,000	...$1,200,000

Suze Orman dice que, "como portador de su dinero, usted es quien determina, con sus pensamientos, palabras y acciones, si va a engordar, flaco, lleno de vigor o sin vida ... Cómo cuida su dinero determina cómo te cuidará a cambio. Invierta para aumentar su valor con el tiempo y puede proporcionarle todas las cosas materiales que desee".

Hay algunas otras consideraciones sobre la inversión en el mercado y los bienes raíces: no es tan fácil como lo hacen los infomerciales de TV populares. La gente está convencida de que todo lo que necesitas es el plan correcto y harás un millón y muchos de los reclamos de libros de que si solo usas este o aquel sistema, serás recompensado. La opinión colectiva de los corredores y agentes de bienes raíces es que no existe un método para cortar las galletas que funcione. La posibilidad de ganar ese gran éxito de la noche a la mañana es tan remota como ganar la lotería estatal. Lo que realmente funciona es salir al mercado, invertir dinero y tiempo para aprender sobre el negocio; no renunciar a su trabajo diario, no descuidar a su familia, sino aprender de sus errores, hacer nuevos amigos y obtener consejos de los expertos a medida que avanza, lenta y constantemente.

28: Crear un negocio

Si no tiene su propio negocio, trabaja para todos los demás, excepto para usted: Primero, trabaja para los propietarios de la tienda o la empresa que lo contrató. Luego, trabajas para el gobierno mediante el pago de todo tipo de impuestos, y también trabajas para los bancos y tarjetas de crédito que te prestan dinero. Nuestro sistema escolar y nuestra estructura social enseñan y capacitan a todos para obtener una profesión, asegurar un trabajo y trabajar por dinero. Salgamos de esta trampa, abramos la puerta trasera de la vieja escuela, aprendamos a ocuparnos de sus propios asuntos y hagamos que el dinero trabaje para usted.

Ser emprendedor le dará la oportunidad de relacionarse con otras personas en lugar de solo trabajar para ellas. Las oportunidades de apalancamiento están en todas partes, pero depende de usted utilizarlas. Si usa una palanca, puede mover una roca más grande; si realiza una llamada telefónica, puede comunicarse con alguien, si envía una lista de correo, puede contactar a miles, pero por el mismo precio puede usar Internet y contactar a millones.

Ese es el apalancamiento de poder revelado. Debido a la globalización y la tecnología de cambio rápido, tenemos más opciones para usar el apalancamiento que nuestros antepasados del siglo XX.

Aquellos que usan la tecnología de la información y otras formas de apalancamiento creadas hoy, avanzarán y los que permanezcan obsoletos probablemente se quedarán atrás.

Hacerse rico en los Estados Unidos es como obtener un "pedazo del pastel estadounidense", pero nadie te lo va a dar. Algunos ciudadanos trabajaron duro por ello, mientras que otros simplemente lo tomaron. Por lo tanto, si desea un pedazo del pastel: no espere una mano, debe ponerse en la línea del buffet y obtenerlo usted mismo o mejor aún, ir a la cocina y hornear su propio pastel. Si usted es serio acerca de los negocios, debe crear una corporación de responsabilidad limitada (LLC). Bajo un escudo corporativo, puede proteger sus activos de demandas, ganar tanto como pueda y pagar impuestos sobre la ganancia mínima que queda después de los gastos. Es una de las lagunas legales más grandes creadas y utilizadas por los ricos. El pago del automóvil, los equipos, las reparaciones de la oficina en el hogar, los viajes, la comida y el entretenimiento se pagan antes de impuestos a través de su empresa.

Una corporación envuelta alrededor de su negocio profesional, además de las habilidades de inversión y marketing aumentará dramáticamente su crecimiento financiero.

Así como los constructores prudentes no comenzarían la construcción sin un plan, los inversores entusiastas no deberían precipitarse en una nueva empresa sin un plan de negocios. Ayuda a organizar sus ideas, asignación de recursos, financiación, crédito, gestión, proveedores, promoción y comercialización, así como explicar sus metas y objetivos. Un plan de negocios básico contiene una descripción del negocio, detalles de gestión, datos financieros y apéndices, que incluyen un resumen ejecutivo, proyecciones de pérdidas y ganancias y otros documentos de respaldo. Aunque no existe un formato único para desarrollar un plan de negocios, en la página siguiente se enumeran elementos comunes: Componentes básicos de un plan de negocios clásico:

Portada
Declaración de propósito
Resumen Ejecutivo
Tabla de contenidos

I. El negocio
Descripción del negocio.
Márketing
Competencia
Procedimientos de operación
Personal
Seguro de negocio

II Datos financieros
Solicitudes de préstamo
Capital
Hoja de balance
Punto de equilibrio de análisis
Proyecciones de pérdidas y ganancias
Flujo de efectivo

III. Documentos de respaldo
Declaración de impuestos de los directores
Estados financieros personales
Certificados comerciales o documentos de franquicia
Contrato de arrendamiento
Licencias y otro documento legal según se requiera
Curriculum vitae de todos los directores
Carta de intención de los proveedores
Otros

El formato anterior y la información básica están destinados a principiantes absolutos como un primer paso para preparar el documento. La mejor manera de escribir un plan de negocios efectivo es estudiar los planes de muestra de negocios establecidos en su área industrial, buscar en Internet, comparar varios planes, modificar el área de contenido y ajustarlo a su sistema.

Antes de convertirse en un gran proyecto, recuerde la observación del 80/20 de que casi el ochenta por ciento de las nuevas empresas fracasan en los primeros años. Odio ser el que testifique sobre el hecho de que he fallado dos veces, pero continúo intentándolo nuevamente de otra manera. No recomendaría a nadie que inicie una empresa comercial compleja, a menos que realmente tenga el deseo, el conocimiento, los riesgos y los recursos necesarios para iniciar la operación.

Esta es la base sobre la cual se construyen las empresas exitosas: debe aprender sobre otras personas, empresas y tendencias de compra del gobierno, luego descubrir lo que quieren, proporcionarles un servicio asequible y satisfacer sus necesidades.

29: Creación de una empresa

No necesita crear una corporación o administrar un tipo de negocio completo de tienda; puede comenzar a trabajar por su cuenta utilizando las habilidades que ya posee operando un negocio de propietario único directamente desde su oficina en casa, por cita. Si bien es normal que las personas encuentren refugio y seguridad trabajando por un salario, no tiene que continuar en una situación laboral que no le gusta. Aléjese de las personas negativas, especialmente, si está trabajando en un entorno deprimente rodeado de personas difíciles con un jefe que nadie respeta ni admira. Solicite una transferencia amigable, busque otro trabajo o renuncie antes de ser despedido y cree su propio pequeño negocio en casa.

Para empezar, le recomiendo que mantenga un trabajo estable durante el mayor tiempo posible: no renuncie antes de comenzar su propio pequeño negocio. Trabaje con paciencia y continúe comprando activos que generen ingresos hasta que su flujo de efectivo crezca lo suficiente como para dejar su empleo y dar el paso.

Recuerde que la mayoría de las fortunas comenzaron con saldo cero y poca inversión de capital. Aquí hay algunas ideas de negocios simples que puede iniciar y ejecutar con una sola persona:

¬ Obtenga un préstamo y regrese a la escuela.

¬ Peluquería y peluquería con cita previa.

¬ Contabilidad, contabilidad, notario público.

¬ Editor de escritorio, diseño web y gráfico.

¬ Compra directa al por mayor y reventa.

¬ Arreglos florales y fabricación de velas.

¬ Fotógrafo independiente y realizador de videos.

¬ Reparaciones prácticas o contrataciones generales.

¬ Servicios de limpieza doméstica y comercial.

¬ Reparación de computadoras en el hogar.

¬ Preparación del impuesto y contador público

¬ Internet www.com. negocio variado.

¬ Especialista en ventas nutrición y salud natural.

¬ Conductor privado, mototaxi, autobús, camión.

¬ Investigador privado y administrador de casos.

¬ Tutoría privada para estudiantes de K-12.

¬ Asesor profesional de ventas en cualquier campo.

¬ Ponente público sobre cualquier especialidad.

¬ Venta de bienes inmuebles, corretaje e inversión.

¬ Guía turístico y agente de viaje por el mundo.

La lista de negocios auto gestionados está abierta a su imaginación dependiendo de su ubicación, e incluso entonces, si tiene que mudarse, considere mudarse a un lugar preferido donde sus posibilidades de éxito sean mejores que su situación actual. Después de que crezcan los activos de su negocio, puede comenzar a comprar algo de lujo como recompensa por el retorno de sus inversiones. Esta es una distinción importante hecha por los verdaderamente ricos; compran lujo después de obtener una ganancia, mientras que la clase pobre y media intenta comprar lujos como autos caros y joyas a crédito, por lo que se endeudan profundamente y se perpetúan en la trampa del trabajo para pagar la responsabilidad. Evite estas deudas incobrables a toda costa.

30: Cambio de paradigma

La mayoría de las personas actúa y reacciona dentro de un paradigma (un punto de vista enmarcado por la mente), forjado por la tradición dualista del bien y el mal, creyendo que para cada problema solo hay una respuesta correcta y todas las demás están equivocadas. Pero otro paradigma cree que nada es bueno o malo, y que lo que hace que una respuesta sea correcta o incorrecta son sus limitaciones o perspectivas morales personales.

Si tiene dificultades financieras y alguna vez se siente deprimido porque de alguna manera no ha logrado sus objetivos previstos, levántese y salga de la desesperación. Míralo a través del paradigma de un espejo de 360 grados y dite a ti mismo "supéralo". La mayoría de los problemas que crees que tienes son proyecciones holográficas de tu mente.

Por lo tanto, si pudieras cambiar tu paradigma mental, la mitad del problema puede resolverse en un abrir y cerrar de ojos. La otra mitad del problema está en algún lugar fuera de ti y nada es tan malo que no haya una solución alternativa.

Considere otro paradigma en el que las situaciones problemáticas no son creadas por usted o por el destino, sino que son el resultado de colisiones entre fuerzas físicas y mentales de al menos tres fuentes principales: a) sus pensamientos y acciones, b) los pensamientos y acciones de otras personas, y c) la oportunidad y las leyes del medio ambiente natural. Aprendemos a resolver problemas por prueba y error, y cada nuevo desafío que pueda enfrentar le brinda la oportunidad de aprender y mejorar sus decisiones futuras.

Desde un paradigma de ángulo flexible, cada punto de vista diferente ofrece al menos 360 grados de posibles soluciones entre lo correcto y lo incorrecto. Si puedes imaginarte a ti mismo como el centro dentro de una esfera tridimensional que flota en el espacio, tendrás aún más puntos de vista alternativos (al menos 360 x 360 grados-múltiples direcciones) Hay miles de posibles respuestas correctas en el medio altibajos, derecha e izquierda, norte y sur, este y oeste, bien y mal, bien y mal.

El paradigma de dirección cambiante es una alternativa universal para prevenir colisiones fatales. Comparemos el movimiento intergaláctico del cosmos mientras observamos un haz de luz que entra por una ventana. Luego, creemos una nube de polvo simplemente tocando su propia ropa o desempolvando un mueble. Observe cómo el 99% de las partículas de polvo se mueven en todas las direcciones sin estrellarse, por pura posibilidad de gravedad. La mayoría de los animales que se mueven en grupos, evitan chocar entre sí al desencadenar su instinto natural de supervivencia. En contraste, los humanos pueden tomar una decisión consciente para causar o evitar colisiones y prevenir fallas catastróficas. Los humanos podemos controlar el instinto básico del miedo, cambiar de opinión y reiniciar en cualquier dirección. Ese es un poder supremo.

Atrévete a cuestionar las realidades asumidas presentadas por el status quo y cambiar las direcciones. Piense fuera de la caja con puntos de vista alternativos. Consideremos la posibilidad de que para cada situación pueda haber más de una solución correcta y comparemos los siguientes cambios de paradigma:

Paradigma A: La doctrina divina de algunos grupos religiosos predica que fuiste creado con un propósito predestinado elegido por un dios al que debes estar agradecido y debes aceptar cualquiera que sea tu condición actual de rico-pobre como tu karma.

Cambio de paradigma: cada día que te levantas es una oportunidad natural para que elijas la dirección que quieres ir. Puedes cambiar tu nombre, tu trabajo, tu lugar, tu vida y tu mente. Aunque múltiples factores influyen en la vida, usted forma parte de su propio destino. Si te caes, depende de ti levantarte, seguir siendo pobre, trabajar con la clase media o hacerte rico.

Paradigma B: Los individualistas dicen que no necesita a nadie más ... puede hacer cualquier cosa por sí mismo ... puede administrar sus propios documentos financieros y no debe confiar en los llamados "expertos".

Cambio de paradigma: busque asesoramiento de profesionales de negocios y aprenda de la experiencia de aquellos que lograron enriquecerse. Forme un equipo con un amigo o un ser querido que tenga un interés similar, alguien que planee emprender el mismo viaje que usted y quiera hacerse rico como usted. Si tus amigos son menos ricos y tienen menos posibilidades de éxito que tú, es hora de hacer nuevos amigos.

Paradigma C: Los inversores conservadores pueden decir; "No especule, adhiérase al método probado de inversión y evite riesgos.

Cambio de paradigma: pruebe los nuevos enfoques, innova, avance junto con el cambio de tiempo y actualice su inteligencia empresarial para ponerse al día con las últimas tendencias y herramientas en tecnología financiera.

Paradigma D: La fórmula tradicional para el éxito es ir a la escuela, obtener un título profesional para conseguir un trabajo por dinero hasta que alcance la edad de jubilación.

Cambio de paradigma: comience su propio negocio, reduzca sus horas de trabajo e invierta en oportunidades comerciales, que el resto de los trabajadores están demasiado ocupados para ver. No tiene que reinventar la rueda, pero puede hacer un neumático mejor y hacer que el dinero trabaje para usted.

Paradigma E: Algunos prefieren no hablar sobre sexo, nutrición y salud y mantener todos los asuntos financieros como asuntos privados.

Cambio de paradigma: hable sobre temas de salud, sexo, nutrición, dinero, negocios y asuntos generales con su familia y otras personas que trabajan activamente para enriquecerse. Recuerde, usted es lo que dice que es, lo que come, lo que lee y lo que cree ser la mayor parte del tiempo.

31: Retírate y reinicia tu vida

Un hombre de 63 años finalmente tuvo su largo sueño de obtener una licencia de piloto privado y se retiró. ¿Sabes que casi todos tienen un sueño en el que están volando? Él dijo. "Bueno, me doy cuenta de que volar a baja altura en un avión pequeño es lo más cercano al sueño de volar en esta vida". Su consejo sobre la jubilación: "no vegete, haga un plan, continúe y manténgase activo".

A los 55 años, le recomiendo que use sus beneficios de jubilación o que reinicie su vida con menos trabajo y más vida. Si leyó las secciones anteriores, ya debería haber comenzado a ahorrar e invertir. Comience su plan de jubilación determinando exactamente lo que quiere hacer para sus últimos años hoy y trabaje de manera inteligente para lograr su visión de seguridad y comodidad para el mañana. Nadie se está haciendo más joven, cuanto antes comience a planificar su fiesta de jubilación, mejor para usted y sus seres queridos.

Muchas personas trabajan y trabajan, luego se jubilan y no tienen idea de qué hacer. Algunos deambulan por la vida sin un plan mientras su activo más preciado –el tiempo– se desvanece. Esto no tiene que sucederle si comienza a invertir ahora en un plan integral para jubilarse con seguridad y comodidad financiera.

¿Qué significa la seguridad para ti? ¿Cien miles de dólares en el banco? ¿Una puerta de hierro atornillada y un perro? ¿La ausencia de estrés y preocupación? ¿Qué significa la comodidad para ti? ¿Una casa de campo y un caballo? ¿Un condominio de gran altura con un spa privado? ¿Una casa más grande, una casa de vacaciones, dos autos y un perro?

Si desea retirarse rico, debe decidir qué significa 'rico' para usted y establecer un calendario con un objetivo de ahorro. Necesita saber no solo cuánto ha ganado, sino también cuánto ingreso disponible todavía tiene. A menos que tenga un patrimonio neto cercano a un millón de dólares, no se lo considera rico. Tener una casa, un automóvil usado y un trabajo lo hace miembro de la clase media trabajadora, pero si su ingreso anual es inferior a $ 25,000.00, el ingreso real de su hogar puede caer por debajo del umbral de pobreza. ¿Tiene dinero para pagar las cosas que necesita si deja de trabajar?

¿Tienes suficiente dinero para hacer lo que quieres? ¿Tiene apenas lo suficiente para jubilarse y quedarse donde vive ahora o su cartera genera suficientes ingresos para pilotar su propio yate y vivir en el sur de Francia?

La cantidad de dinero que realmente necesita para jubilarse depende de lo que quiera hacer en su etapa de jubilación. Si desea viajar varias veces al año, vivir en Beverly Hills y competir en lanchas de motor por un pasatiempo, le costará mucho más dinero que si se contenta con vivir en un proyecto de renta baja en el centro de Florida o en un hogar de ancianos. viendo especiales de televisión comerciales en Nueva Jersey. En su libro, Retírese con menos de lo que piensa, Fred Brooks recomienda una vida genial con menos posesiones y menos responsabilidades. Imagínese viviendo una vida más simple, que puede ser psicológica y económicamente liberadora a partir de hoy: intente cortar actividades innecesarias todos los días que le ahorrarán tiempo y energía para relajarse.

Te mantendrás ocupado con tu tiempo libre favorito y lo usarás como un trabajo significativo, pero tampoco planeas trabajar demasiado; reducir los gastos al final a menudo aumenta sus ingresos reales al obtener un trabajo a tiempo parcial. Puede parecer simplista, pero no es una tarea fácil de lograr teniendo en cuenta cuántas personas no pueden vivir sin comprar más y más cosas inútiles.

Teniendo en cuenta que uno tiene diferentes necesidades y opciones en diferentes etapas de la vida, he construido una línea de tiempo modelo dentro de la cual se ajusta a nuestros planes de vida y jubilación con la mayor cantidad de detalles posible. Optimistamente, asigno 100 años para que todos completen un ciclo de vida entre el nacimiento y la muerte, por ejemplo; desde que nací en agosto de 1954, espero morir en algún momento en agosto de 2054. Luego dividí la línea de tiempo completa en cuatro etapas de 25 años cada una durante la cual obtuve un conjunto diferente de objetivos en referencia a la salud, las relaciones amorosas y los asuntos financieros (ver tabla 1.1).

Tabla 1.1 Cronología de etapas sugerentes para la vida

ETAPA UNO 1-25 AÑOS

Años recientes… entrenamiento … aprendizaje…

Siga los buenos consejos de padres y maestros, desarrolle su autosuficiencia física y mental, asista a las escuelas, disfrute cada momento, elija un círculo de amigos, obtenga una licencia de conducir, un pasaporte y un título universitario, desarrolle su mente y su cuerpo físico, explore, romances y aprenda …a casarse con alguien!

ETAPA DOS 25-50 AÑOS

Trabajando duro… crear familia… ganar y ahorrar

Asegure un trabajo con beneficios de pensión y únase a empresas comerciales para maximizar sus ingresos ganados, tenga una aventura, compre una casa, ahorre e invierta en bienes raíces y acciones, continúe su aprendizaje de por vida, música y artes, romance, establezca una familia, trabaje duro, vive a lo grande y viaja tanto como puedas.

ETAPA TRES 50-75 AÑOS

Trabajando menos...de retirada con años de ocio. Reduzca sus horas de trabajo, disfrute del fruto de su trabajo, comience a gastar de su cartera con múltiples fuentes de ingresos pasivos, controle su salud física y mental, romance, música y artes, ayude a otros a tener éxito, practique un pasatiempo, escriba o pinte algo, relajarse, vivir a lo grande, viajar y experimentar la vida un día a la vez.

ETAPA CUATRO 75-100 AÑOS

Agradecido por todo...extra vida

Continúe sus años de ocio, un día a la vez durante el tiempo que su cuerpo pueda aguantar, encuentre un lugar tranquilo, escuche música genial, contrate a una enfermera a tiempo completo, mantenga la armonía con amigos y familiares. Aclara cualquier idea que puedas tener sobre los dioses, celebra tu vida pasada y prepárate para morir en paz.

Podemos ampliar el formato de la tabla para incluir fechas específicas y condiciones detalladas para cada meta principal y objetivos futuros. Debe escribir al menos tres ensayos narrativos para registrar su pasado (1-25 años), comprender su presente (25-50 años) y proyectar su futuro (50-100 años).

Lento pero seguro, mientras toma el control de su escritura, tomará el control de su vida.

Los límites entre las cuatro etapas de la vida son flexibles, puede retirarse a cualquier edad, pero el cruce de una etapa a otra es inevitable. Por lo tanto, todos los que nacen tienen menos de cien años para abrazar la vida y, al igual que las plantas y los animales, los humanos seguramente morirán más pronto que tarde. La vida misma es como una aventura sin escalas a bordo del expreso de medianoche: puede detenerse y rescatar en cualquiera de las cuatro estaciones, pero tiene que pagar por adelantado todo el viaje con el tiempo que tiene. Debe determinar qué cantidad de "qué" quiere tomar y cuánto está dispuesto a pagar por ella; Por otra parte, solo puede traer el equipaje que podría llevar usted mismo.

La buena noticia es que el mundo que te rodea genera continuamente oportunidades de por vida. Siempre están llegando cambios, como las olas del mar, y cuantos más cambios y tecnologías existan, más oportunidades surgirán.

Si desea pasar a tierras ricas, debe atrapar la próxima ola, dejar atrás la mayor parte de lo que tenía en el pasado, tomar solo lo que necesita del presente y dejar espacio para las cosas que desea en el futuro.

Esta realización es un factor básico en la fórmula secreta de la naturaleza para la riqueza y la felicidad, ya que lo que uno puede llevar podría ser exactamente lo que realmente necesita.

¿Qué cosas crees que realmente necesitas?

1-

2-

3-

4-

5-

32: No espere la jubilación

Una serie de eventos desafortunados me llevó a cambiar de opinión, escribir este libro, enriquecerme y retirarme temprano. Después de un divorcio innecesario, mi negocio de arte cerró, la venta de casas cayó y tuve que declararme en bancarrota; mi padre murió, mi hija abandonó la escuela y regresó con un bebé; mi hijo se unió al ejército de los Estados Unidos y fue enviado a la guerra en Irak, luego perdí a mi perro. No pude completar mi tesis doctoral y tuve que volver a trabajar en la escuela.

Cuando volví a mi trabajo docente, mi jefe inseguro se sintió incómodo con mi estado de doctorado sobrecalificado y solicitó que me "reasignaran" por diferencias políticas.

La falsa acusación podría haberse resuelto en un día a través de una conferencia de padres y maestros, pero le tomó a la Oficina de Investigaciones Especiales casi un año, desperdiciando miles de horas de tiempo de instrucción de mis alumnos, aproximadamente $50,000.00 de equipo dañado o abandonado, pagando más de $ 200,000.00 en salarios sustitutos y honorarios legales para borrar mi registro. Aunque limitado al infame limbo de la "reasignación", a nadie parecía importarle el costo innecesario o cualquier contribución que pudiera ofrecerle al sistema. Aprendimos que uno de los mejores maestros, que trabajó durante 30 años para mejorar las escuelas, murió sin reconocimiento solo unos meses antes de la jubilación, y otro murió mientras esperaba una audiencia de investigación. Sin embargo, nada cambió.

Entonces, todo esto me desanimó: ¡tengo que luchar para mejorar el sistema o retirarme antes de enfermarme y morir en el intento! Mientras revisaba las secciones anteriores de este libro, comencé a relajarme y seguí mi propio consejo: cambié mi disposición mental adicta al trabajo, me afeité la cabeza, luego cambié los colores de mi casa, mi nombre, mi dieta, mi auto, mi ropa, mis libros ... y rápidamente descarté cualquier cosa que parezca basura entre mis cosas.

Esto es lo que me dije como primer paso para la jubilación inmediata: empaca tu equipaje, amigo, no tienes que esperar hasta que estés "demasiado viejo, deprimido, cansado y roto" para retirarte. Aquellos que quieren que esperes hasta que cumplas 65 años están locos. En la burocracia sin rostro donde trabajas, a nadie le importa si trabajas diligentemente en la planta baja o te escondes en algún lugar.

Si tuve la suerte de cumplir 55 años, debería cambiar el paradigma de esclavitud laboral, trabajar menos y comenzar mi jubilación el próximo viernes.

¡Si! Si te sientes cansado y empantanado por el sistema, ya sea que tengas dinero o no, estás convocado para que dejes de trabajar duro el próximo viernes. Justo después del almuerzo, reorganizará sus pertenencias y comenzará a limpiar su espacio de trabajo. Esconda lo que no necesita hacer ahora, deseche todo lo que no pertenezca a su departamento y deje el trabajo lo antes posible. De ahora en adelante, conduzca lo suficientemente lento como para ver la puesta de sol siempre que sea posible y obtenga una botella de vino para compartirla en la cena con su familia. Toma una ducha larga y relajante y mira tú programa favorito en la cama. Haz el amor esta noche

El sábado por la mañana, sirva el desayuno en la cama a su cónyuge. Póngase sus zapatos para caminar y dé un corto paseo por la "capucha" sonriendo tanto como pueda a sus vecinos olvidados. Pase por el centro comercial pero no compre más cosas esta vez. Camine lentamente de regreso a casa y clasifique sus cosas, limpie sus recuerdos preferidos y deseche la mayor cantidad de basura posible. Lleve a su persona especial para una cita el sábado por la noche en otra ciudad o vaya al teatro cerca de usted.

Llame a American Airlines o Amtrak y reserve un próximo fin de semana para escaparse de vacaciones solo para ustedes dos. Despierta tarde el domingo, trata de no hacer nada que no tengas que hacer o toma un largo viaje en auto desde la ciudad. Aparca en una vista panorámica en algún lugar para relajarte y meditar: piensa en tus momentos favoritos y date cuenta de que, aparte de sus altibajos, la vida ha sido genial para ti hasta ahora. No mire el noticiero sensacionalista de televisión, llame a alguien y comparta una broma. Ve temprano a la cama y levántate para enfrentar el amanecer temprano el lunes. Solo piense: las últimas 48 horas de fin de semana que ha disfrutado viviendo bien hoy valen mucho más que 48 días futuros de jubilación. ¡Es un nuevo comienzo! Informe a tiempo a su antiguo trabajo usando un nuevo conjunto de ropa, trabaje solo si usted también lo ha hecho, pero con una nueva actitud: trabajaré de manera inteligente y viviré un día en ese momento porque he trabajado duro y el tiempo suficiente para jubilarme. Si me quedan vacaciones o días de enfermedad, me retiraría un lunes o un miércoles. Luego regresaré para tomarlo con calma en el trabajo hasta el próximo viernes, cuando practicaré mi acto semanal de vacaciones de jubilación una y otra vez hasta que legalmente termine RETIRADO.

33: One-Liners; expresiones para tener éxito

Debemos estar alineados con la naturaleza porque no podemos cambiar las fuerzas naturales, debemos respetar a los demás porque no podemos controlar totalmente las acciones de las personas, pero seguramente podemos cambiar nuestras formas, pensar fuera de la caja y mirar el panorama general desde adentro nuestra mente.

Usemos algunas de las siguientes líneas direccionales para iniciar un diálogo interno. Discuta, explique, racionalice, edite y reescriba hasta que esté de acuerdo con una idea, luego agregue sus comentarios para formar su propio principio de apoyo para la felicidad y el éxito general:

1. Abre tu mente a un nuevo aprendizaje todos los días y cambia tu vida.

2. Use sus habilidades y conocimientos para crear oportunidades para usted y los demás.

3. Sonríe y sé genuinamente interesado en otras personas.

4. Forme un equipo y establezca contactos con personas positivas, proactivas y exitosas.

5. Mantener relaciones amorosas: darlo, obtenerlo y compartirlo.

6. Respete los puntos de vista, creencias y opiniones de otras personas.

7. Conozca la diferencia entre deseos y necesidades.

8. Hable y corrija sus errores antes de criticar a los demás.

9. Enfrenta la realidad, perdona los errores pasados y avanza hacia el futuro.

10. Elija carreras y actividades que apunten a la dirección de sus objetivos.

11. Haz lo mejor con lo que tienes, donde estés.

12. Llena tu mente de pensamientos positivos y visualiza tu éxito.

13. Cuide su salud y descanse antes de cansarse.

14. Prepárese para aceptar la posibilidad de fallar y no se preocupe.

15. Aprovecha la oportunidad y vive tu vida abierta un día a la vez.

16.

17.

18.

19.

20.

34: Cómo arruinar su vida

Si responde al estímulo mediante la psicología inversa, olvide todos los consejos positivos dados en las páginas anteriores y considere los siguientes comentarios contraproducentes basados en el libro de Ben Stein "Cómo arruinar su vida financiera":

1. Si quieres arruinar tu vida: deja la escuela y no te molestes en aprender nada. Dado que ir a la escuela no garantiza que alguien se haga rico, deje toda esa lectura y búsqueda sin sentido en la web a viejos malhumorados y fanáticos de la tecnología que no tienen nada más importante que hacer con su tiempo.

2. Si quieres arruinar tu vida: Sé un soñador que cree que puedes obtener algo sin nada y que puedes hacerte rico rápidamente escuchando programas de televisión infomerciales, pagando un seminario en cinta, enviando una cadena de cartas, comercio diario, juegos de azar, navegar en línea, hacer una pirámide de ventas, vender drogas ilegales o estafar con cartas en las esquinas.

3. Si quiere arruinar su vida: cuando está ganando dinero, pero reunir sus finanzas parece demasiado difícil en un momento dado: no se moleste en mantener registros o pagar sus impuestos, siga los consejos de las revistas de televisión y encienda todo a una empresa en línea, con un gerente financiero que nunca conociste y que tendrá control total sobre todo tu dinero.

4. Si quiere arruinar su vida: Comience un negocio sin un plan y una cantidad inadecuada de capital, en un campo difícil que no conoce (como un restaurante gourmet), luego elija un lugar costoso que nadie quiere, pague a su empleado fuera de los libros y esperar prosperar sin una campaña publicitaria.

5. Si quieres arruinar tu vida: cuando tienes un mal negocio y estás perdiendo el tiempo o perdiendo dinero: sigue haciendo lo mismo estúpido que estabas haciendo de todos modos y espera mejorar. Probablemente tenga que vender su casa, matar de hambre a su familia y perder todo su dinero, pero no se preocupe, su negocio puede recuperarse algún día. Mientras tanto, déjelo ir con la corriente, siempre puede pedir prestado más dinero para pagar el dinero que ya debe.

6. Si quiere arruinar su vida: gaste todo lo que quiera y ahorre dinero solo cuando lo desee, y si no lo desea, no ahorre nada en absoluto. Olvídate de proporcionar una red de seguridad para tu cónyuge e hijos: es mejor vivir con ellos y gastarlo todo comprando en los centros comerciales de la A la Z, ya sea que necesites lo que estás comprando o no.

7. Si quiere arruinar su vida: Tenga la seguridad de que comprar en cualquier momento es una forma válida de terapia emocional y ejercicio físico. Cuando llegue a casa, compre cosas de los catálogos que reciba por correo y ordene directamente en el canal de compras de

TV Home, a altas horas de la noche, cuando esté deprimido y solo.

8. Si quiere arruinar su vida: no compre una casa y continúe pagando altos alquileres en una ciudad llena de gente durante toda su vida. Claro, una casa puede aumentar su riqueza con valor patrimonial, brindarle estabilidad y mejorar su crédito, pero no desea el dolor de cabeza del mantenimiento, el seguro y los pagos mensuales de la hipoteca. Prefieres pagar y dejar que los propietarios se enriquezcan.

9. Si quieres arruinar tu vida: rompe tu relación amorosa y cásate con un hombre abusivo o una mujer muy terca con gustos muy caros y hábitos financieros imprudentes; proporcione su nuevo lugar a crédito, no firme un acuerdo prenupcial y pague a un abogado para obtener un acuerdo de divorcio largo y complicado, incluida la pensión alimenticia y la manutención de los hijos.

10. Si quieres arruinar tu vida: conviértete en un creyente o un fanático de cualquier fe y únete a un culto religioso fundamentalista. Abandona el estilo de vida de tu familia y aléjate de la sociedad para salvarte del infierno: luego, pasa tu tiempo leyendo solo tu libro sagrado y dale todo el dinero que ganes a la cabeza de tu iglesia. Dado que el fin del mundo está cerca, cree que serás rico y vivirás feliz para siempre en el cielo, por supuesto, esta santa promesa solo puede suceder después de qué te mueras pobre y te rompas en la tierra.

Si no desea caminar por el camino anterior hacia la riqueza o ninguno de los esquemas de hacerse rico rápidamente parece funcionar para usted, no se preocupe. Probablemente no necesites tanto dinero de todos modos. Ya sea que te des cuenta o no, ya eres bastante rico. Si vives en los Estados Unidos, y si vives en la clase media de cualquier país, tu patrimonio neto comparativo es inmenso: ¿te imaginas cuántos millones de personas desean tener lo que tienes? ¿Cuánto vale tu salud? ¿Qué pasa con el valor de sus hijos y sus padres? ¿Qué tan importante es tu pareja de amor? Luego, por supuesto, está el aire fresco y su ciudadanía. Pocos pueden dar por sentado la libertad, pero solo piense en pasar unos días varado en un país en dificultades o encerrado en cualquier tipo de cárcel.

Lo único que puede faltar en este momento es solo un poco más de efectivo, pero tenga cuidado mientras busca más dinero, puede pasar por alto cosas que valen mucho más: como su salud mental y su familia.

35: ¡Esto es todo!

¡Felicidades! Has leído casi el 80% del plan financiero necesario para lograr la independencia financiera en los meses y años venideros. Su trabajo es agregar 20% para poner en práctica estas ideas y continuar su propio programa de estudio de por vida. No esperes ni un minuto: ¡haz tu próximo movimiento para obtener las cosas que deseas porque a partir de ahora, estás solo!

Permítame dejarlo resumiendo una lista incompleta de recomendaciones para hacer, que le insto a modificar con sus propias ideas:

1-Vaya al banco más cercano y consulte con los planificadores financieros para organizar sus finanzas y abrir una cuenta de retiro de inversiones con depósito automático.

2-Comience su propio negocio.

3-

4-Aclara quién eres en términos de creencias y valores morales para evitar conflictos de intereses con los objetivos financieros que estableces para tu vida.

5-Expande tu fe o filosofía.

6-

8-Mantén un propósito direccional claro y persigue tus objetivos con una pasión dedicada que le daría a la vida un significado contextual. Recuerde, tiene menos de cien años para marcar la diferencia.

9- Compre su primera casa o condominio por ...

10-

11-

12-Continúa aprendiendo y reorganizando tus habilidades en una Fórmula flexible para comunicarte contigo mismo y con otras personas.

13-Vuelve a la escuela y asiste a seminarios.

14-Unete a personas que quieren enriquecerse.

15-

18-

17-Aumenta tu nivel de energía total al complementar tu salud mental con luz solar diaria, dieta natural y actividades físicas. Recuerda que eres lo que comes, lo que lees, lo que haces y lo que piensas.

18-Revise el contenido de su pirámide alimenticia.

19-Únete a un grupo de ejercicios.

20-

21-

22- Todos necesitan a alguien. Comparta su logro con los demás y cultive una relación de vinculación emocional con alguien especial. El amor romántico es un componente esencial para disfrutar la vida misma. Si llegas a la cima del éxito de la montaña solo, puedes sentirte frío y solo en la cumbre ... Piénsalo: ¿de qué sirve tener todo el dinero servido en la mejor cena de tu vida y no tener a nadie allí para ¿Compartirlo con quién?

23-Renueva tus votos matrimoniales o cásate.

24-Expande tu círculo de amigos y familiares.

25-

26-

27-

28-

29-

30-

Agregue sus propias ideas aquí, consulte las referencias adicionales y visite mi sitio web en: www.detower.com para encontrar enlaces a otros materiales de lectura. Si tiene alguna pregunta o inquietud, escríbame una carta o un correo electrónico y haré todo lo posible para responderle lo antes posible.

Francisco Garabitos
Fgart44@hotmail.com

36: DEFINICIÓN DE TÉRMINOS

Este glosario contiene un conjunto mínimo de términos y conceptos clave para comenzar. Le recomiendo que consulte www.google.com y busque "términos financieros" y comerciales para aumentar su alfabetización general.

Activo: Algo que genera ingresos, pone dinero en sus bolsillos y aumenta su riqueza.

Deuda incobrable: dinero que debe por algo que usa para gastar dinero de su bolsillo, como una tarjeta de crédito, lujoso y entretenimiento.

Ganancia de capital / Pérdida de capital: la diferencia entre para qué compró una inversión y para qué la venta, menos las mejoras realizadas.

Flujo de caja: Entrada de efectivo (como ingresos) y salida de efectivo (como gastos). Es la dirección del flujo de efectivo lo que determina si algo es ingreso, gasto, activo o pasivo.

Dividendo: una distribución de los beneficios de una empresa a los accionistas

Ingresos del trabajo: Ingresos generalmente derivados de un trabajo o alguna otra forma de trabajo. En su forma más común es el ingreso de un cheque de pago. También es el ingreso con los impuestos más altos, por lo que es el ingreso más difícil para generar ingresos.

Ejecución hipotecaria: cuando un banco o prestamista individual hace carga de una propiedad inmobiliaria por falta de pago de la hipoteca.

Jugador: Piense de nuevo antes de jugar con su dinero. "Un jugador es alguien que juega máquinas tragamonedas. Prefiero tener máquinas tragamonedas". D. Trump.

Buena deuda: dinero que debe, pero los fondos se utilizan para comprar activos generadores de ingresos o para financiar negocios rápidos con un margen de beneficio significativo.

Declaración de ingresos: un formulario que muestra sus ingresos y gastos durante un período de tiempo. También se llama declaración de pérdidas y ganancias.

Propiedad intelectual: una amplia gama de activos intangibles que incluye marcas registradas de patentes, derechos de autor escritos, patrones de vestimenta, reputación profesional y cualquier otra información exclusiva sobre tecnología y temas comerciales.

Apalancamiento: El poder de posicionar activos, recursos y redes con personas para obtener la máxima ventaja.

Responsabilidad: algo que le costó dinero, saca dinero "de su bolsillo".

Hipoteca: si está financiando su propiedad inmobiliaria, la propiedad que está financiada se utiliza como garantía contra la cantidad de dinero que está financiando o pidiendo prestado. La hipoteca es el instrumento de seguridad en poder del prestamista.

Patrimonio neto: el valor actual de los activos menos los pasivos. Eso sí, los activos son efectivo, propiedades y cosas que aceptan dinero a sus ingresos.

Activos en papel: acciones, bonos, fondos mutuos, seguros ... creando ingresos de cartera. Desea aumentar sus activos en papel.

Ingresos pasivos: ingresos generados con un trabajo mínimo de sus inversiones, como intereses sobre ahorros, tarifas de libros, dividendos y alquileres inmobiliarios.

Ingresos de cartera: Ingresos regularmente derivados de activos en papel como acciones, bonos, fondos mutuos, etc. (Estos son una muestra de dinero que trabaja para usted)

Riqueza: recursos reales que tiene más allá de lo que puede gastar. No es solo lo que gana, sino cuánto puede perder. Para determinar un nivel de riqueza esperado: Multiplica su edad (puede ser 42) por su ingreso anual realizado antes de impuestos de todas las fuentes (por ejemplo: $ 55,000.00) excepto herencias, luego divida el producto por diez (42x55 /10 = 231,000.00) Este total es el patrimonio neto esperado con los activos e ingresos que debe tener para ser considerado rico a los 42 años.

Trampa de trabajo: Un ciclo socioeconómico de trabajo para pagar facturas en el que la mayoría de las personas están atrapadas viviendo de un sueldo a otro.

37: *Referencias*

Allen, Robert G. 2002. The One Minute Millionaire. Harmony Books. N.Y.

Allen, Robert G. Creating Wealth (with Real Estate)

Allen, C. W. Incorporate and Grow Rich. Sage International.

Bach, David. 2004. The Automatic Millionaire. Broadway Books. New York

Bach, David. 2004. Start Late and Finish Rich. Broadway Books. New York

Brock, Fred. 2004. Retire on Less Than You Think. Times books. New York

Chatzky, Jean. 2004. You Don't Have to Be Rich.

Chatzky, Jean. Pay It Down. Portfolio. Penguin Books.

Creative Real Estate Online. www.creonline.com

Clason, George. The Richest Man in Babylon. Penguin Books. London

Covey, Stephen. 1997. The Seven Habits of Highly Effective People. Franklin Covey Audio.

Edelman, Ric. 2004. The Truth about Money. Harper Business. NY.

Franklin, Benjamin. 1756. The Way of Wealth. Poor Richard Almanac.

Fred Brooks, 2004. Retire on Less Than You Think. Time Books. NY.

Getty, J. Paul. How to Be Rich. Berkley. New York.

Hansen, Mark & Allen, Robert. *The One Minute Millionaire.*

Home School. 2005. *Learn Anything Online.* www.homeschool.com.

Khalfani, Lynnette. *Zero Debt.* Advantage World Press. New Jersey. 2003

Kessler, A. D. 2003. *A Fortune at Your Feet.*

Mackay, Harvey. 2004. *We Got Fired.* Ballantine Books. New York

Hill, Napoleon. 1960. *Think and Grow Rich.* Ballantine Books. NY.

Kiyosaki, Robert T. (1998). *Rich Dad, Poor Dad.* www.richdad.com

Morris, Kennetth & Siegel, Allan. *The Wall Street Journal, Guide to Understanding Money & Investing.* NY.

Mundis, Jerrold. *How to Get Out of Debt and Stay Out of Debt.*

Orman, Suze. 2003. *The Laws of Money.* Simon & Schuster Inc. NY.

Peale, Norman. 1992. *The Power of Positive Thinking.* Simon & Schuster. Audio. New York.

Quinn, Janes Bryant. 2004. *Making the Most of Your Money.* Simon & Schuster. NY.

Robbins, Anthony. 2004. *Unlimited Power.* Simon & Schuster. Audio. New York.

Small Business Administration at: www.sba.gov

Somavia, Juan. Working out of Poverty, Report of the Director-General, International Labour Conference, 91st session, International Labour Office, Geneva, 2003.

Tracy, Brian. 21 Secrets of Success. Audio series.

Tracy, Brian. Getting rich Your Own Way.

Trump, Donald. How to Be Rich & The Art of the Deal. New York. 2002

U.S. Center on Budget and Policy Priorities, 2003.

U.S. Census Bureau, Dynamics of Economic Well-Being: Poverty 1996-1999, July 2003.

U.S. Department of Agriculture, Household Food Security in the United States, 2002, 2003.

U.S. Census Bureau, Poverty in the United States: Current Population Reports, September 2003.

Winget, Larry. Shut Up, Stop Whining & Get a Life.

Wall Street Journal Online. www.wsj.com

WWW.Google.com: Search for all terms & ideas.

Otros libros de Francisco Garabitos online: **Amazon.com**

Contacto de autor: Fgart44@gmail.com